英雄模范共产党员故事汇

白求恩
BAI QIU EN

刘 锋 编著

青海人民出版社

图书在版编目（CIP）数据

白求恩/刘锋编著.--西宁：青海人民出版社，2021.5（2024.5重印）
（英雄模范共产党员故事汇）
ISBN 978-7-225-06165-8

Ⅰ.①白… Ⅱ.①刘… Ⅲ.①传记文学－中国－当代 Ⅳ.①I25

中国版本图书馆CIP数据核字（2021）第093388号

英雄模范共产党员故事汇

白求恩

刘　锋　编著

出 版 人	樊原成
出版发行	青海人民出版社有限责任公司
	西宁市五四西路71号　邮政编码：810023　电话：（0971）6143426（总编室）
发行热线	（0971）6143516 / 6137730
网　　址	http://www.qhrmcbs.com
印　　刷	青海西宁西盛印务有限责任公司
经　　销	新华书店
开　　本	890 mm×1240 mm　1/32
印　　张	5.5
字　　数	110千
版　　次	2021年7月第1版　2024年5月第3次印刷
书　　号	ISBN 978-7-225-06165-8
定　　价	28.00元

版权所有　侵权必究

目录

第一章　少年已识愁滋味　001
　　立志学医　001
　　求学之路　002
　　三度从军　004
第二章　献身于维护人民健康的事业　005
　　我要为人类做些更重要的事　005
　　到最需要最迫切的地方去　007
　　倡导实行社会化医疗　008
　　投身反法西斯前线　010
第三章　白求恩来到中国　013
　　我愿意到中国去　013
　　到延安去，到毛主席身边去　020

目录

第四章　奔赴晋察冀前线　　　　　　　027
　一次艰苦忙碌的行军　　　　　　　027
　只要有战斗，决不停歇　　　　　　036
　创办八路军模范医院　　　　　　　051
　医生的工作现在是在前线上　　　　065
　向全世界揭露法西斯的丑恶　　　　074

第五章　战斗在冀中平原　　　　　　078
　群众已经走到我们前面了　　　　　078
　群众是我们的血库　　　　　　　　087
　在实践中摔打锻炼　　　　　　　　096
　对同志对人民极端的热忱　　　　　103
　反抗法西斯是我们共同的任务　　　118

目录

不可再得的高贵的礼物　　123

创办晋察冀军区卫生学校　　133

第六章　魂驻太行　　135

我们都是革命同志　　135

在最危险的时刻　　142

要拿我当一挺机关枪使用　　148

在生命的最后一刻　　159

第一章　少年已识愁滋味

立志学医

加拿大安大略省北部格雷文赫斯特镇,一个群山环抱、枫树掩映的小镇,空气中弥漫着森林的气息、花草的气息以及锯木头的香味,和平而安详。

1890年3月3日,镇里一个牧师家庭突然传出一声婴儿的啼哭声,"是个男孩子!"在亲友们的欢呼声中,欣喜的父母给家里的第一个男孩取名亨利·诺尔曼·白求恩。但镇里的人谁也没有想到,几十年后,这个名字在遥远的大洋彼岸——他们谁也没有去过的中国,将会成为一个伟大的象征。

亨利·诺尔曼·白求恩的祖父是一名杰出的外科医生。祖父的为人处事和出色的医术,在白求恩心中留下了十分深刻的印象。

所以白求恩从小就对医学怀有浓厚的兴趣，曾把祖父留下的一个刻有姓名的外科医生的铜牌钉在自己卧室门上。立志要像祖父那样做一个医术精湛的外科医生，这是他的人生理想。

求学之路

白求恩的幼年，是在格雷文赫斯特一个衣食无忧的小康人家度过的。父亲是一名牧师，母亲也是一位虔诚的基督徒和传教士。1896年，他们全家定居多伦多，他在那里读完了小学、中学。中学毕业后，白求恩于1909年考入多伦多大学，学习生物物理学和生物化学。

为了解决学费和生活费，白求恩在假期和业余时间去从事各种职业。

在人声喧哗的闹市区，他拍打着一家家的大门，声嘶力竭地吆喝："报纸！卖报纸！"

在大学食堂里，他收拾起人们用过的碗盘，赶忙回厨房洗刷干净。

在一艘艘航行于内湖的轮船上，他在工头的监视下，汗流满面，吃力地向炉膛里加煤……

卖报纸、刷盘子、烧锅炉，是白求恩干过的杂活儿。正是通过做这些工作，他饱尝"贵人"的冷眼、"阔佬"的训斥。这贫富间不平等的烙印，深深烙在白求恩的心上。他清楚地看到，自己的命运是同大多数穷苦劳动人民联系在一起的。

21岁那年，白求恩又来到安大略省北部原始森林当伐木工人，并在苏必利尔湖以北的边疆学院当文化教员。他和工人们一起出没在森林里，吃力地伐倒一棵棵大树，又无力地喊着号子，拖着沉重的脚步，把这些树木运到河边。一天十几个小时的繁重劳动，获得的食物还填不饱肚子。晚上，他们只好在矮小的破木棚里，蜷缩着身子，躺在散发着霉气的木屑上过夜。

共同的劳动，艰苦的生活，使白求恩和工人们结成亲密的伙伴。白天，他抢着多做一些工作，使那些年老的工人们减轻一点负担；晚上，在冒着浓烟的火堆旁，他教工人们识字。工人们熟悉了他，爱上了他，亲切地称他"白什"（白求恩的爱称），跟他谈心里话，请他代写家信。

在这使他永远难以忘怀的日子里，白求恩终于明白了工人们为什么要背井离乡来到这荒凉的地方？为什么一次又一次地给家里的人写信，询问有没有新的就业机会。他也知道了，谁的妻子因为丈夫无法养活，被迫带着可爱的孩子离开了家庭；又是谁的姐妹，因为还不起拖欠的债务而饮恨自杀……

伐木工人的命运，在白求恩的心灵里，激起了无比的同情和愤怒。他在探索：改变这种不合理的社会制度的道路在哪里？

这些坎坷的生活经历，使白求恩从年少时就对社会底层人民的生活有了深刻的了解和切身的体验，并产生出深深的同情心，从而为他以后的人生追求奠定了思想基础。

白求恩的性格中还有强烈的正义感，这是宗教家庭带给他的品质。

三度从军

1914年7月,第一次世界大战爆发了,正在大学读书的白求恩应征入伍,在加拿大第二战地救护团服役,担任战地担架队员。他随军东进,越过大西洋,到过英国、法国和比利时。在比利时北部城镇伊普尔的一次战役中,弹片击中了白求恩的左腿。

1915年11月,白求恩伤好退伍后又回到多伦多大学医学院继续完成他的学业。1916年12月毕业,获学士学位,不久便到安大略省斯特拉特福城行医。1917年,他再次参军,在英国皇家海军服役,任伦敦查塔姆医院上尉军医,后又在"珀伽索斯号"军舰上担任医生。1919年2月退伍后,在伦敦大奥尔蒙德街儿童医院任住院实习医生。

1920年2月,白求恩第三次参军,在加拿大空军任上尉军医。1920年10月退伍去伦敦,在西伦敦医院实习。一年多后,赴爱丁堡皇家医院进修,准备参加皇家外科医学会考试。1922年2月3日,经过严格考试,白求恩被录取为英国皇家外科学会会员,随后返回西伦敦医院任外科医师。

1923年8月,他与弗朗西斯结婚,接着赴瑞士、意大利、法国、奥地利、德国等国旅行六个月,在各国观摩了外科名医的示范手术。1924年,返回加拿大,在安大略省斯特拉特福和魁北克省的鲁安住了一段时间,并去美国明尼苏达州罗彻斯特城的梅奥诊所进修神经外科。之后,在美国密歇根州底特律市定居,并正式挂牌行医。1926年,被聘为底特律医学院医药学讲师。

第二章　献身于维护人民健康的事业

我要为人类做些更重要的事

正在白求恩事业有成、前程远大、信心满满的时候，病魔缠住了他。1926年夏天，他患上了可怕的肺结核。这种病在20世纪20年代就如同今天的癌症一样可怕。

白求恩没有被病魔吓倒，他在追寻生命的意义，探索治疗这种"不治之症"的办法，他宁愿拿自己的身体作为"实验品"。

1926年12月16日，他住进了设在美国纽约州的特鲁多疗养院。为了不拖累年轻的妻子，他忍痛和她分手了。在疗养院里，他接受保守治疗——"静养"疗法。白求恩倔强地认为："人，不应当听任大自然的裁决！"他拒绝了医生的"静养"疗法，一头扎进了疗养院的图书馆里查阅有关资料。突然间，他在一份医学杂志上发现了"人工气胸疗法"。这篇文章按照常理来说，疗养院的医生们应该有看到过，但是大多数的医生不愿意承担这种风险，所以这种治疗方法在疗养院没有被实施。白求恩在认真研究了这种治疗方法的理论和利弊之后，毅然决定让医生在自己身上大胆地进行实验。当医生们仍在犹豫不决时，他撩开衣服大声地说："诸位先生，我欢迎并接受危险！"医生无奈，只好对他进行人工气胸疗法。

事实给了有力的回答，人工气胸疗法不仅治好了白求恩的肺结核，还使白求恩在胸外科疾病的研究方面取得重大进展，以至使他在后来发明了新的胸外科治疗器械。白求恩向死神挑战，创造了30年代的一个医学奇迹。当一位密友问他为什么敢冒这么大的生命危险时，他回答说："我已经37岁了，我要为人类做些更重要的事，而且在我死亡之前要完成这一事业。"

特鲁多疗养院图书馆的大量藏书，使白求恩大开眼界。面对当时大量的肺结核病人和很高的死亡率，白求恩深感自己的医疗知识不足。1927年12月，白求恩痊愈出院。他来到美国纽约州的雷溪州立早期结核病医院，进修生物化学和细菌学，并致力于结核病感染问题的研究。1928年4月，他返回到加拿大蒙特利尔，进入维多利亚皇家医院工作，并做了北美著名胸外科医师爱德华·阿奇博尔德大夫的第一助理。一年多后，他与弗朗西斯复婚，不过到1935年，两人再次离婚。

白求恩的医学才华很快显露出来，在手术质量、学术论文、医疗器械发明等方面声誉日隆。两年后，他在维多利亚皇家医院做外科工作的同时，兼任了圣·安娜贝莱佛军医院退伍军人分院肺结核顾问。1931年秋，赴美国西南部进行短期讲学和研究工作，并做手术示范。在此期间，白求恩研制和革新了白求恩式人工气胸器械、白求恩式肋骨剪等30多种外科器械。他设计的一些新的外科手术工具曾由美国费城一家公司制造和发售。白求恩的名声和地位与日俱增，被邀请外出会诊、讲学以及做手术示范已是常事。他的多篇学术论文在加拿大、美国医学刊物上发表，并应聘到麦吉尔大学兼课。随之而来的是被授予一个又一个头衔：1932年初，他当选为美国胸外科学会非正式会员；1933年初，就任加拿大蒙特利尔圣心医院胸外科主任，并兼任圣·阿加莎的劳伦斯皇家结核病疗养院和综合妇科医院顾问；后又担任加拿大联邦和地方政府卫生部门顾问；1935年当选为美国胸外科学会正式会员，并成为该学会五人理事会理事。

到最需要最迫切的地方去

白求恩成名后仍然惦记着那些生活在贫困线上的人们，因为有着丰富的经历，他和那些工友、病友同甘苦共患难，知道他们的实际情况并不像某些政客宣传的那样。于是，他在蒙特利尔市加拿大进步协会发表讲演，主张由政府资助结核病防治工作，并在蒙特利尔郊区开设了一所门诊，定于每周星期六的下午为贫困患者免费治疗。

白求恩的个人义举，显然是难以改变这种社会现实的。为此，他利用各种方式在各种场合进行宣传，一面揭露当时资本主义体制下非人道的医疗制度，一面号召医务界的同行们行动起来，主动为那些贫困患者服务。他号召同行们："医生应该献身于维护人民健康的事业。……我们应该像修道士一样，穿起布衣草鞋去工作。我们的目的是保护和救活人的身体。这应该是一种神圣的目的，我们的献身也应该像我们的目的一样神圣。我们要到人民中间去！我们要到人民中间去！取消挂牌行医，改变整个医疗制度。……医生们联合起来，组成一个医疗工作者的团体。我们要到贫民区去，到最需要最迫切的地方去。"

倡导实行社会化医疗

1935年8月，白求恩有幸应邀去苏联列宁格勒参加国际生理学大会。在那里，他会见了著名学者巴甫洛夫，参观了医院、疗养院和妇女保健中心。他看到社会主义的苏联，对肺结核病的预防和治疗已经取得明显的效果，肺结核病的死亡人数，只有沙俄时代的五分之一。这不免引起了白求恩的震惊。他作为一个胸外科专家，一心一意要根治肺结核病，奋斗多年，毫无结果，而自己的心愿却在实行社会主义制度的苏联成为现实。此时，他深切地意识到社会主义制度对改变医疗现状的重要性，从而也使他终于找到了自己所应追求的人生目标。

从苏联返回加拿大后，白求恩开始逐渐与加拿大共产党组织接近，热情参加魁北克省共产党组织的报告会和马克思主义研究小组的活动。1935年10月,在蒙特利尔市"苏联之友协会"举办的集会上,他发表了访问苏联的观感演说,盛赞苏联的社会化医疗制度。同时,他还发起成立了蒙特利尔保卫人民健康委员会,并任会长。该会以改善人民医疗卫生条件为宗旨,参加者有医生、护士、社会工作者百余人。

1935年11月,白求恩在蒙特利尔加入了加拿大共产党。

之后,他便进一步利用各种机会广泛呼吁,大力倡导社会化医疗改革。他甚至在1936年2月赴美国田纳西州孟菲斯城参加美国中南部医学大会,宣读有关麻醉术论文时,也不忘进行实行社会化医疗改革的宣传。特别是他在蒙特利尔外科学会的一次会议上,发表了题为《从医疗事业中清除私利》的讲演,其观点尤为鲜明。他说:"在'用一切办法赚钱'的资本主义体制下,医疗是一种典型的行业。它会呈现出有趣而令人不快的现象,这种现象可以概括为'医学发达,却健康不足'。"他呼吁:"政府应该把保护公众健康看作自己对公民应尽的首要义务和职责。实行社会化医疗就是解决这个问题的有效途径。社会化医疗意味着保健变成公共事业,就像邮电局、陆军、海军、司法机关和学校一样。"他接着指出:"25年前,被称作社会主义者是一件不齿的事情,如今,不是社会主义者才是荒谬的。我们相信合作的力量可以使所有人过得更好。"

另外,白求恩的爱心也体现在多方面。他多才多艺,业余时间还从事美术创作和文艺作品创作。他的油画《手术室之夜》,曾在蒙特利尔举办的画展上展出。1936年夏,他所资助创办的蒙特利尔儿童美术学校，校址就设在他自己的家里。

投身反法西斯前线

1936年7月18日，西班牙法西斯分子发动了武装叛乱，第二天马德里电台播出了政变的消息。不几天，德、意法西斯希特勒、墨索里尼派出大批军队入侵西班牙，支持反动派镇压人民的反法西斯斗争。面对这种情形，美、英、法等国实行"不干涉政策"，客观上起到纵容法西斯分子的作用。与此相反，国际上50多个国家的共产党组织和进步力量，却积极调集各方力量，组成国际纵队，与西班牙共产党和广大劳动人民并肩作战，以鲜血和生命来保卫人民的自由与和平。这时，在多伦多一个援助西班牙的医疗队已经组成，整装待发，他们的队长就是加拿大共产党员诺尔曼·白求恩。

西班牙发生法西斯政变和美、英、法等国对此采取的错误对策，使白求恩无比愤怒。他向组织提出了到西班牙去参加反法西斯斗争的要求。其实，当时白求恩领导的蒙特利尔保卫人民健康委员会的工作正在紧张地进行着。特别是安大略省议会选举前夕，向候选人、魁北克省总督及医学界、宗教界发表的"保健会"宣言书和他抨击当时的医疗制度和建议实行社会化医疗的亲笔信已经付印，一系列工作正等待他去策划和组织落实；同时，他的事业正如日中天，显现出美好的前途；而且，当年他已46岁，恰巧又有一个女人正在追求他。对于这一切他都毫不犹豫，为了人类的自由，为了和平，他毅然辞去圣心医院和在其他地方的职务，放弃了追求他的女人，义无反顾地投身到国际反法西斯战场。他在日记中写道："时代强迫着我们做出残酷而且不能挽回的决定。"

10月24日，他率领着自己的医疗队，从魁北克登上"不列颠女皇"号轮船，驶向大西洋彼岸，奔赴西班牙前线。11月3日，抵达西班牙首都——马德里。

白求恩来到马德里的时候，德、意法西斯正在对这个城市猛烈进攻和狂轰滥炸，在强大的现代化装备的法西斯军队进攻面前，许多西班牙人和国际纵队的战士倒下了，但大家毫不怯懦，前仆后继。

面对这些英勇的战士，白求恩反复考虑自己如何为他们提供有效的帮助。有人建议他去医院做手术，可是他想，医院多一个外科医生又能救活几个战士呢？他在观察了前线的救护工作和一些医院的情况后，发现伤员由于得不到及时输血，许多人在半路上就牺牲了。因此，前线的救护工作急需解决的问题是输血。经过深思熟虑之后，白求恩毅然决定建立流动输血站，把血直接送到前线去。

他的想法在得到西班牙卫生组织负责人的支持后，便亲自前往巴黎，购买所需器械，又到伦敦向那里的一位输血专家请教了有关专业问题，一切准备就绪后，在马德里建立了加拿大输血站。随后，通过电台、报纸发布消息，号召人们为支援反法西斯战争自愿献血。

很快，第一批数百名志愿者献了血，并且保证三周以后还来献一次血。献血者的牺牲精神，深深地感动了白求恩。

从那以后，在马德里前线凡是战斗最激烈的地方，常常可以看到白求恩和他的助手开着的那辆雷诺牌汽车。在战斗最激烈的时候，他们每天输血高达一百多人次。实践证明，他们这项工作远远超过了一般医疗工作的意义。

白求恩的流动输血站，轰动了整个前线，成为战争中实施救护的一种重要手段，为西班牙共和国挽救了一大批战士的生命。虽然没有能从根本上扭转战场的形势，但人们不会忘记，白求恩曾经为西班牙人民的反法西斯战争做出了卓越的贡献。以至在后来的第二次世界大战中，交战双方都纷纷加以仿效。

对于白求恩的成长经历，我们只能简单作一介绍，这并非本书重点。但任何一个人的成长，都是有轨迹可循的，所以他的成长经历给我们显示出他是独特的"这一个"。特殊的生长环境，决定了他今后的道路，成为伟大的国际主义战士，是偶然，也是必然。

第三章　白求恩来到中国

我愿意到中国去

1937年5月18日，受西班牙人民阵线的委托，白求恩离开马德里，返回多伦多，先后在加拿大、美国许多城市日夜奔波，巡回讲演，为西班牙反法西斯战争进行募捐，并计划在北美工作四个月，一旦为他的输血工作筹足了款，就回马德里。临到夏末，他改变了主意。

7月7日，日本军队对中国全面入侵，开始了新的屠杀。一个空前的历史事件发生了！听到这来自亚洲的巨变，他在讲演中无比愤慨地指出："章鱼状的垄断资本主义已四处伸出触手，日本侵略中国即是一例。"他认为，"那里（指中国）也是西班牙呀！更大范围的西班牙！人类在走向世界大战的道路上又迈出了一大步。"他觉得现在的中国更需要他,他在西班牙取得的经验拿到中国会有更大的用处,他决定到中国去。

白求恩在以后的一封信中曾谈到过自己为什么不返回西班牙而来中国。他说:"你要明白我为什么要到中国去,请读一读埃德加·斯诺的《西行漫记》……艾格妮丝·史沫特莱的《红军在长征》和贝特兰的《中国的第一幕——西安事变秘闻》。"

第一位邀请白求恩来华援助中国抗战的是爱国教育家陶行知。1936年7月,他为了联合华侨和国际人士支持国内抗战,自筹经费,奔走呼吁世界28个国家和地区。1937年7月30日,陶行知先生应邀参加美国洛杉矶医疗局举行的欢迎西班牙人民之友宴会,与白求恩会面并向他详细介绍了"七七事变"后中国的抗战形势,白求恩十分感动,立即毫不犹豫地表示:"如果中国需要医疗队,我愿意到中国去。"在向加拿大援助西班牙委员会做出解释后,白求恩将自己的想法通知了加拿大共产党。

不久,加拿大共产党决定派医疗队援助中国。因资金匮乏,加拿大共产党领导人蒂姆·布克向美国共产党总书记厄尔·白劳德提出援助请求。1937年10月10日,加拿大共产党在多伦多召开了一次会议,白劳德表示支持这个决定,两党决定组成联合医疗队援助中国。白求恩受邀成为其中一员,为了表达自己的一片赤诚,他表示:"我只有一个条件,如果我回不来了,你们要让世人知道诺尔曼·白求恩是以一个共产党员的身份牺牲的。"

筹款和组建的工作要在美国纽约完成,白求恩需要立刻赶往纽约。10月末到达纽约后,白求恩参加了"美国卫生局援西民主会"为他准备的招待会。

到年底,由诺尔曼·白求恩与美籍外科大夫帕尔森斯和一位能讲汉语的加拿大女护士琼·尤恩组成的加美援华医疗队正式成立,接着将从纽约采购到的药品、器材等物资送往加拿大温哥华港。经过一段时间的奔波,终于完成了来华前的一切准备工作。

1938年1月8日,白求恩率加美援华医疗队自温哥华港乘"亚洲皇后"号邮轮启程了。

甲板上,一位年近五十的游客,似乎忘记了这深冬的严寒,顶风迎浪,巍然屹立。他双鬓斑白,颧骨微高,魁梧高大的身躯稍微前倾,一只手扶着冰冷的船栏,向远处眺望,这就是白求恩从加拿大奔赴中国人民抗日战场的情形。他的心中一定和这波涛汹涌的大海一样,并不平静,年近五旬,半生漂泊,而今要到一个陌生的国度,白求恩怎能不对自己未知的岁月有过种种设想呢!

强劲的海风袭来了,掀起了他的衣角,吹散了他的缕缕白发。布满皱纹的前额,记载着他饱经风霜的战斗岁月;头顶上的白发,标志着他的青春已经成为往事。可是白求恩仍然以坚定的步伐,踏上新的征程,绕过大半个地球,来支援一个国家的民族解放战争。战斗的召唤,使他变得更年轻了。

巨大的海浪扑来了,海水打湿了他的衣裳,他动也没动。在凛冽的寒风中,他手扶船栏,向东方眺望。在那天水相连的远处,他仿佛看到了英雄的新四军和八路军战士,驰骋在崇山峻岭,出没于河汉湖港,同日本侵略者进行着殊死搏斗;他仿佛看到了

960万平方公里的土地上，燃起的抗日的熊熊烈火，四亿五千万中国人民，举起仇恨的刀枪。他作为一个无产阶级的战士，就要直接投身于中国人民这场埋葬日本法西斯的斗争了！

白求恩很激动，转身走进自己的卧舱，给亲人们写下离开祖国后的第一封信。

他告诉亲人，不能将自己的脚步停留在援助过西班牙人民反法西斯的斗争上：

> 去过西班牙这个事实并不能给我，也不能给任何人静坐旁观的特权。……我拒绝生活在一个制造屠杀和腐败的世界里面而不奋起反抗，我拒绝以默认或忽视职责的方式来容忍那些贪得无厌的人向其他人民发动的战争。……西班牙和中国都是同一战场中的一部分。我现在到中国去，因为那里是最迫切需要我的地方，也是我最能够发挥作用的地方。

在轮船上整整度过了18个昼夜，1月27日抵达香港。

中国共产党派联络员李云转告住在香港的宋庆龄先生，希望她能出面通过正当途径，安排白求恩和他的医疗队到中共游击区工作。宋庆龄立即与李云一起前往白求恩下榻的酒店会见并宴请了白求恩和医疗队成员。经宋庆龄亲自出面与国民党及香港有关方面力争，终于安排白求恩医疗队到武汉后即去八路军办事处。

2月7日，白求恩一行乘飞机抵达武汉，前来迎接的人中有先期来到中国的美国革命作家、著名记者艾格妮丝·史沫特莱。抗日战争爆发后，史沫特莱曾与毛泽东主席联名给国际红十字会和美共总书记厄尔·白劳德写信，呼吁他们派医疗队来华到敌后拯救八路军伤员，并援助救护车和医药物品。此事得到美国红十字会和美国共产党、加拿大共产党的支持。

白求恩同志率领的加美援华医疗队抵达武汉后住在友人鲁茨主教宅邸，经史沫特莱协调，当时在武汉八路军办事处工作的中共中央军委副主席周恩来同志立即派王炳南去接头。听说白求恩同志要求去山西前线，周恩来十分高兴，便与博古亲切地接见了白求恩一行，并向他们详细介绍了抗日战争的形势和我党的政策。八路军卫生部部长姜齐贤也参加了会见，同时介绍了八路军缺医少药的情况。考虑到从延安去晋察冀更安全些，周恩来建议他们先去延安再到晋察冀前线，同时指定王炳南抓紧为他们办理去延安的有关事宜。

在等待北上期间，时值日寇对武汉进行大轰炸，白求恩冒着生命危险，与助手尤恩在汉阳高隆庞修女会诊所（即现武汉第五医院前身）工作了一周，为伤员做手术，挽救了一批生命。

那时国共抗日统一战线刚刚形成，中共方面的人由武汉乘火车去西安是自由的，没有限制。但日寇正自华北向南进犯，铁路沿线经常遭到敌机轰炸扫射，在这种情况下，北上是很危险的。

1938年2月初，正是华北最寒冷的季节，也正是日本侵略中国最猖獗的时候。迎着漫天风雪，迎着敌人逼来的方向，白求恩和加美援华医疗队的另一名成员，懂点儿中文的琼·尤恩一起，从武汉乘火车出发了。

车窗外，苍穹低垂，狂风怒号；车厢里，为数不多的乘客，散坐在落满灰尘的长椅上，愤怒地谈论着日本鬼子向南进犯的消息。

在决定北上的问题上，美籍医生帕尔森斯与白求恩产生了分歧。最终，只有白求恩和尤恩带着沉重的物资出发了。到了郑州，改乘陇海路火车，不是直接经西安到延安，而是改由潼关、风陵渡过黄河，经运城、侯马到临汾八路军总部后，再设法去延安。2月26日到了临汾，恰逢敌人发动晋东南战役，日军调集三万多兵力分三路进攻临汾，天上时不时飞来进行轰炸的敌机，地上到处是逃难的群众和溃退的国民党士兵。八路军总部也已转移，一时联系不上，情况十分危急。几经周折，终于与八路军总部转移时特意留下来等候白求恩援华医疗队的临汾兵站民运科科长李真碰面了。2月28日，在临汾兵站的安排下换乘马车，渡汾河西行，经新绛到山西省河津县，再经禹门口过黄河进入陕西。离开临汾后，遇到敌机的轰炸，护送白求恩援华医疗队的人员中有4人受伤，15头骡子被炸死，12头骡子被炸伤，人和装载医疗队物资的大车，在漆黑的夜里赶路。敌人的飞机飞得很低，甚至可以看清机舱里的飞行员，后来战士们用步枪射击，敌机才不敢低飞。3月3日，经过多天跋涉，白求恩一行终于在山西省河津县遇到了撤退的军队。当天晚上，他们来到黄河东岸的禹门口，准备从这里乘船过河。

医疗队总算先于敌人一天抢先渡过了黄河。医疗队离开临汾不久,日军就占领了临汾。接着日军又进占运城、风陵渡等地,黄河北岸的主要交通干线和主要城市都落入敌人之手。几乎是医疗队刚刚离开某地,日军就进占某地,日军在他们离开河津一天后就到达了那儿。白求恩在日记中写道:"我们和紧跟后面的日军之间没有任何屏障,这实在使人毛骨悚然。"

过河后的第二天,白求恩带领一些人去河边准备把他们的物资运回来。就在这时,敌人用机关枪向他们扫射,说明日军已经到了河对岸。他们爬进了一条战壕。从那儿可以清楚地看到对岸的敌人。他们企图通过一块没有遮拦的空地,敌人又向他们开火。黄河两岸的敌我两军,互相用炮火封锁渡口,白求恩在十分危险的情况下,将医疗队的物资安全运到陕西韩城。

在韩城住了一个多星期,他们等待西安八路军办事处派卡车来接。3月19日卡车终于来了,在路上又走了两天才抵达西安。在韩城期间,白求恩在设于一座庙里的部队后方医院医治了许多伤病员,每天都有许多患病的老百姓包围着他们。他在日记中写道:"多么紧张的一个星期呀!"

在西安八路军办事处,正赶上朱德总司令开会路过西安,朱老总热情地接见了白求恩,并详细介绍了山西前线的情况,以及从延安去晋察冀的具体路线。

在西安,白求恩还会晤了加拿大圣公会派驻河南商丘圣保罗医院的理查德·布朗大夫。布朗自愿请假三个月随白求恩医疗队工作,白求恩欣然同意,并相约在延安相会。

3月底,白求恩乘卡车来到延安。

到延安去,到毛主席身边去

白求恩到达延安后,受到了各界的热烈欢迎,并很快结识了先于他来到延安的美国纽约州的医生马海德。

1910年9月26日在美国纽约州出生的马海德,原名叫乔治·海德姆,是一位黎巴嫩裔的美国人。1933年,他从瑞士日内瓦大学临床诊断学博士毕业。刚回国,便与两位同学决定考察中国正在流行的东方热带病,选择了前往中国上海的旅程。也正是这个决定开启了他一生的医学之旅,并因之与中国结下了一生的不解之缘。

来到中国的他,先在上海九江路租房子开了一家小诊所。在这期间,他加入马克思主义学习小组,认识了当时许多共产国际的进步人士,时常与他们聚在一起。

1936年,在宋庆龄的推荐下,马海德同埃德加·斯诺一起前往陕甘宁边区采访中国共产党总部的工作。同年的8月,在斯诺如期完成采访计划,准备返回北平去继续完成他在陕北苏区的采访记录工作的时候,马海德却在他对苏区的医疗情况进行了仔细的考察之后,做出了独自留在苏区的决定。

次年的2月10日,他以马海德作为自己的中国名字,正式加入了中国共产党。在红色延安的感召下,这位来自美国的医学博士,出任了当时的中央红军卫生部总顾问。三年后,30岁的马海德与鲁迅艺术学院的 20 岁女学生周苏菲结婚了。

从 1942 年开始，调职到白求恩国际和平医院工作的马海德一直担任中共高级领导人的保健医生。同时，在这个过程中，经过马海德的精心筹建，一个在延安以白求恩国际和平医院为总院、8 所中心医院、24 所分院的延安医疗网逐步形成。在 1944 年至 1947 年短短的三年间，经过马海德诊治过的病人竟高达 4 万余人次。

1949 年，中华人民共和国成立后，马海德提出了他想加入中国国籍的请求。次年在周恩来的支持下，马海德成为了第一个正式获得中华人民共和国国籍的外国人，并被任命为中华人民共和国卫生部顾问，工作的重点是性病和麻风病的预防和治疗。中央皮肤性病研究所，也是在他的提议之下于 1954 年成立。

1985 年，在马海德的筹划下，第一届国际麻风病学术交流会在中国顺利召开。中国的 50 多万麻风病人，因此得到了有效救治。人们也渐渐地消除了对麻风病的恐惧与偏见。

马海德因为在麻风病的医治上做出了巨大贡献，因此在 1988 年获得"甘地国际麻风奖"。同年 10 月 3 日，马海德在北京病逝，享年 78 岁。依照他的遗嘱，妻子苏菲把他的骨灰撒进了流经延安的延河，撒在这个他奉献了毕生青春的地方。

在去世前，马海德自豪地留下遗言："我最聊以自慰的是我没有站在外面指手画脚，我没有站在外面，我是和人民站在一起！"

这就是一个中国共产党人的一生，完整地献给了中国人民的

医疗事业！

费尽千辛万苦，白求恩来到了延安。延安市位于陕西省北部，地处黄河中游，黄土高原的中南地区。在那个特殊的年代，延安是个独特的存在，既是星星之火，也是中国的有志青年向往的地方，是中国共产党人的精神家园。

延安对于白求恩，对于整个世界，是一个神异奇特的地方！1935年10月，毛主席领导中国工农红军经过二万五千里长征来到陕北，来到了延安。从那时起，延安就成了中国革命的中心，延安是抗日战争的总指挥部，延安所在的陕北革命根据地是中国革命的总后方。

白求恩来到延安，刚安顿下来，便向八路军卫生部领导提出想见毛泽东主席的请求。第二天吃过晚饭，卫生部部长姜齐贤满脸喜色地来到白求恩的住所，一进门，就高兴地告诉他："白求恩同志，毛主席今晚要会见你！"白求恩想不到会这么快实现自己的愿望。

"真的？"白求恩简直不敢相信自己的耳朵。

"当然是真的，请准备一下，我陪你去！"部长高兴地又重复了一遍。

白求恩急忙跑向里面的房间，穿上新发的那套八路军灰布军装，把帽子正了又正。然后，打开他的皮箱，从箱子的最底层拿出了一个皮夹，郑重地放在贴胸的衣袋里。

晚上10点多钟，白求恩一行踏着月色，来到凤凰山麓毛主席的住所。毛主席正在等待着白求恩。白求恩跑步上前，举起右手，尊敬地向毛主席行了一个西班牙国际纵队的反法西斯战斗敬礼，然后紧紧地握住了毛主席伸过来的一双大手。

走进窑洞，白求恩以敬仰的心情环视了窑洞的四周。一排三间的窑洞，包括了办公室、会客室、寝室。在这十几平方米的会客室里，陈设更是简陋：门上挂着粗布门帘，在靠东墙的地方放着一张方桌和几把没有油漆的木椅、木凳，桌上摆着一把北方农家常见的大茶壶和茶碗。面对这样的三间窑洞，白求恩发出阵阵感叹：那些决定中国命运的文件、那一篇篇激荡中国和世界的马克思主义雄文，就是从这样的窑洞里写出和发出的啊！

就在这十分激动的时刻，白求恩解开衣扣，从贴身的衣袋里拿出了那个皮夹，他严肃而又缓缓地将它打开，拿出一件东西，双手交给毛主席。这是白求恩同志的党证。他向毛主席递交党证的时候，表情是那样严肃，动作是那样庄严。带着他的体温，象征着他战斗的新的生命啊！

毛主席热情地欢迎白求恩同志历尽艰险，来到中国，帮助中国人民的抗日战争。赞扬他实践了列宁主义的无产阶级国际主义路线。

毛泽东向白求恩询问起西班牙战场的情况，白求恩认真地作了回答。接着，毛泽东详尽地阐述了世界革命和中国革命的形势，红军二万五千里长征以及中国的抗日战争前途，以及这一时期中国共产党的政策、纲领和计划，并且强调了斗争的持久性。

谈话转到晋察冀前线医疗方面。毛泽东向白求恩征询以什么样的方式才能最有效地救治前线伤员。这是白求恩到达延安后已深思熟虑的问题。他肯定地说："我觉得最能发挥作用的方式是组织战地医疗队，到前线去抢救伤员。"来中国之后的经历使白求恩感觉到，像在西班牙那样单纯组织流动输血队的方式在中国是不适宜的。

当毛泽东问到医疗器械如何解决时，白求恩说，自己带来了一批医疗器械，足够供给一个战地医疗队。

自来中国后同卫生部领导的谈话中，白求恩已经了解到由于药品、器械和医务人员的缺乏，前线八路军重伤员死亡率很高。他接着对毛泽东说，重伤员是能够救活的。根据他在西班牙的经验，如果手术及时，百分之七十五的伤员一定可以康复。

毛泽东听后十分高兴，欣然同意白求恩组织战地医疗队到前线去工作，同时也指出可能遇到的各种各样的困难，请他务必要有充分的思想准备。

白求恩告诉毛泽东，他立刻就写信给美国援华委员会，通知他们这个决定，并请他们拨款来推进这项工作。

根据当时给白求恩当翻译的黎雪同志回忆，毛主席与白求恩的会见一直持续到午夜之后，皓月当空，毛主席和白求恩并肩步出窑洞握别。

白求恩在当天的日记中写道：

> 我在那间没有陈设的房间和毛泽东同志面对面坐着，倾听着他从容不迫的言谈的时候，我回想到长征，

想到毛泽东和朱德在伟大的行军中是怎样领导红军经过二万五千里的长途跋涉,从南方到了西北丛山里的黄土地带。由于他们当年的战略战术经验,使他们今天能够以游击战来困扰日军,使侵略者的优越武器失去效力,从而挽救了中国。我现在明白了,为什么毛泽东能那样感动每一个和他见面的人。这是一个巨人!他是我们世界上最伟大的人物之一。

和白求恩一同会见毛主席的还有护士琼·尤恩女士。

在这里,对琼·尤恩作简单的介绍。琼·尤恩(1912—1987年),加拿大人。中文名于青莲。幼时丧母,其父是加拿大共产党创始人之一。

1933年,琼·尤恩毕业于加拿大一所护理学校,后来到中国山东一所教会开办的诊所里工作,学会了中国语言。1937年6月回到加拿大。抗日战争全面爆发后,她读到史沫特莱有关中国抗日战争的文章,并看到史沫特莱"呼吁医生和护士去中国"的公开信,于是与加拿大和美国共产党组织的援华委员会取得联系,参加以白求恩为首的医疗队,作为白求恩的翻译和助手,再次来到中国。

1938年与白求恩到达延安,受到毛泽东主席的亲切接见。后留在陕北、晋绥边区工作。

1938年10月,因健康原因准备回国,再次来到即将沦陷的汉口,在周恩来的安排下,与最后一批撤退人员乘坐"新升隆"

号离开汉口撤往重庆。但在湖北嘉鱼附近遭日军飞机轰炸,"新升隆"号被炸沉,尤恩一行由于在岸上躲过了日机的轰炸和扫射,幸免于难。于是,尤恩等先是步行,后乘坐小木船,穿沼泽,过湖区,从湖北的洪湖、公安等地转向长沙,一路上仍尽全力救护照顾同行的伤病员,于1938年11月上旬抵达长沙。在长沙大火中,尤恩等人在周恩来指挥下死里逃生。又在周恩来安排下,辗转来到苏皖边区的新四军地区,结识了新四军主要领导人叶挺、项英、陈毅。在新四军后方医院,参加对伤病员的抢救,并帮助培训战地医务人员,直到1939年6月离开皖南返回加拿大。

新中国成立后,曾两次给周恩来总理写信表示祝贺和问候。根据周恩来的指示,有关部门多次邀请其访华,但她因病未能成行。1979年,中国人民对外友好协会代表团访问加拿大,对外友好协会会长王炳南专程到其家中拜访。1981年,尤恩撰写完成回忆录《在中国当护士的岁月》,并在加拿大出版,三年后中译本在北京出版。1985年5月,73岁的尤恩在女儿陪同下,坐着轮椅访问中国。1987年10月31日因病去世。按照她的遗嘱,其女儿于1988年5月将她的骨灰护送到中国,安葬在河北唐县晋察冀烈士陵园白求恩墓的右侧。

第四章　奔赴晋察冀前线

一次艰苦忙碌的行军

在延安，军委卫生部安排白求恩作适当休整，并安排他参观了边区政府、学校和周边环境，同时还请他给抗日军政大学、延安干部训练团进行巡回讲演。延安给白求恩留下了深刻的印象，他在日记中写道：

虽然延安是中国最古老的城市，我立刻觉出她是管理得最好的一个城市。……在这里,在古老的建筑当中,街道是清洁的，街上一片蓬勃的气象。……医院的设备虽然简陋，但这儿的政府已经实行了人人免费的医疗制度！

不过他最关心的还是病人,他急切地提出要到医院探视病人。他说:"探视病人是我的权力,不间断地工作是我最愉快的事情。"在延安的中央医院,他探视了每一个病房的每一个伤病员,对俘虏的日军伤员也一视同仁。在医院视察时,白求恩高超精湛的医术使在场的医务人员十分佩服。在医院组织的座谈会上,大家无不希望他能留在延安工作。但白求恩坚定地说:"我们的伤员在黄河对岸的晋察冀边区,我们的医疗工作必须在战场上,和战士在一起!"

白求恩同志带到延安的一部小型X光机和发电机,于4月初安装好以后,开始给伤病员和中央有关方面的领导同志检查身体。在这一段时间里,他结识了陈云、陈赓、萧劲光等许多中共高级干部。

白求恩在等待医疗物资时,得知布朗医生来到了延安。这让白求恩一下子兴奋起来。

4月底,随白求恩一起到前线的医疗队组建完毕。5月2日,白求恩率医疗队离开延安,前往晋察冀边区。同行的还有一个班的八路军战士,以及白求恩的警卫员何自新。

离开延安后,白求恩一行先在二十里铺做了短暂停留,后经绥德,于5月3日,他们来到了陕北米脂县城。傍晚,陪同前往晋察冀边区的八路军卫生部部长姜齐贤告诉白求恩:公路已经到头了,再往前走只能骑马和步行了。为了照顾白求恩,部长建议在这里停留三五天。一来让白求恩休息一下;二来也让白求恩练习练习骑马,为今后行军做好准备。

恨不得立即赶到前线的白求恩，一听到这个意外的安排，不由得着急起来。

这天夜里，赶了一天路的同志们早已进入梦乡，可白求恩怎么也睡不着。他靠在行军床上，手里的烟卷一支接着一支，出神地望着贴在屋内墙上的用中英两种文字写的标语："热烈欢迎白求恩同志上前线！"是啊，八路军战士，根据地的人民群众，多么希望白求恩大夫早一天到达前线呀！他又侧过身，倾听着远处传来的练兵的喊杀声，边区人民正在为抗日战争胜利争分夺秒，可是，自己却要停留三五天。在这三五天里，前线将有多少激烈的战斗？又会有多少等待治疗的伤员？

"决不能因为我耽误下来！"白求恩从床上一跃而起，甩掉手上的烟头，轻轻地推开房门，向喊杀声传来的方向走去。

月光如水，倾泻在村外的空场上。驻在这里的一支八路军部队，正在协助训练民兵。白求恩说服了那位年轻的骑兵分队长，分队长让两个战士牵来一匹枣红色的高头大马，嘱咐说："骑马没有什么秘诀，只要放松身子，抬起头来，用不了多少长时间就熟悉了，我们三个保护你，请你放心大胆地骑吧！"

白求恩感激地接过缰绳。一个战士在他腰上扶了一把，他摇晃着坐到马背上，这时候他恨不得一下子就像一个熟练的骑手一样，昂首挺胸，自由驰骋。可是不行，骑马也是需要技术的，马和人的配合，对熟练者是很平常的事情，对不熟练的人来说，动作不协调，就会出现各种情况。他要挺起胸来，那马一颠一颠好像要把他扔下去；他想借助缰绳的力量保持平衡，那马又站住了；

他松开缰绳，那马又向前冲去，要不是他一把抓住鞍子，准得掉下马来。就这样，歪歪斜斜，走走停停，不一会儿，他的背心已经被汗水浸透，跟在两旁的分队长和两个战士，也已气喘吁吁。那马猜不透主人的意图有点烦躁了，当白求恩再一次猛勒缰绳的时候，它把前蹄一扬，接着又晃了两晃，然后猛地一个前冲，把毫无防备的白求恩"啪"的一声摔了下来，两个战士一把没接住，分队长"呀"地喊了一声，跑上前去……

当部长闻讯赶来时，白求恩正挺着胸脯端坐在马背上，还在练呢。一见面，白求恩就挥着拳头嚷道："部长同志，我们已经争得了提前出发的时间！"

部长胸口一阵梗塞，张了张嘴没有说出话来。立即上前把白求恩扶下马。白求恩勒着缰绳的右臂，白色的衬衣已经被鲜血染红了一片……

5月14日，白求恩一行带着十几头牲口驮的药品器械，由八路军卫生部部长姜齐贤陪同，到达陕西省神木县贺家川。贺家川地处黄河西岸，这里驻有120师后方医院第三所。这个所有175名伤病员，其中重伤员有四五十名，都是在雁门关附近作战负伤的伤员。他连夜进行检查和手术，连续三天，才把手术做完。

他在写给朋友的信中是这样描述的：

> 这里有175名伤员，散住在各户。他们躺在硬邦邦的土炕上，下铺少量干草，令人不忍目睹。一部分人没有床单，没有一个人有毯子。全身长满虱子，穿在身

上的仅有一套军装,也因几个月来的战斗生活而尘满垢积,肮脏不堪。他们的绷带几经洗涤,早已变成烂布条子了……

所有伤员都出现贫血、营养不良和脱水的症状,他们所接受的外科处理只是包扎了一下伤口……

这里的伤员都需要手术,而且手术风险很大。

条件是艰苦的,这么艰苦的条件是白求恩平生第一次见,他的关爱之情油然而生,这里面有同情、有敬佩,有人道主义的关怀,更多的则是一种同志间的友谊。白求恩是这样容易和战士们成为好朋友,固然由于他们之间是病人和医生的关系,也是由于白求恩早年和贫苦农民有过较密切的接触,在他心中,从来不排挤劳动人民,把自己当成劳动人民中的一员。因为少年时期的生活经历,在他的心中留下了深深烙印。

白求恩所做的就是尽最大努力照顾病人。虽然时间有限,但白求恩尽量多做工作,想方设法来改进休养所的管理。他除了早起晚睡给伤员治疗外,还建了一个简单的手术室,整顿了病房,把伤员分为三类:第一类是需要手术的;第二类是手术后的;第三类是恢复期的。把下肢伤和上肢伤分开,下肢伤员头朝里睡觉,上肢伤员头朝外睡觉。白求恩还让人找木工制作了换药盘、拐杖、靠背架、夹板等,解决了一些医疗器械缺乏的问题。每个病房门前都设置了"土痰盂"。他亲自指导伤病员做功能练习,给医务人员上课,提高换药技术等。

6月7日，白求恩一行在120师军医处医务主任张汝光同志陪同下，过黄河，经兴县，到达山西省岚县120师师部所在地，受到贺龙师长、关向应政委、萧克副师长、周士第参谋长的热烈欢迎。首长们对白求恩来中国支持抗日的国际主义精神倍加赞赏，并对他们在贺家川后方医院给几十名重伤员实施手术表示感谢。

白求恩大夫与贺龙师长一见如故，交谈十分愉快。白求恩说："我在加拿大，在埃德加·斯诺的《西行漫记》里，已经知道了你两把菜刀闹革命的故事，它鼓舞我用手术刀去铲除病魔。你是八路军很有威望的将领之一，我非常敬慕你。"

埃德加·斯诺（1905年7月19日—1972年2月15日）生于美国密苏里州，美国著名记者。

埃德加·斯诺于1928年来华，曾任欧美几家报社驻华记者、通讯员。1933年4月到1935年6月，斯诺同时兼任北京燕京大学新闻系讲师。后访问陕甘宁边区，撰写了大量通讯报道，成为第一个采访红区的西方记者。新中国成立后，他曾三次来华访问，并与毛泽东主席见面。斯诺于1972年2月15日因病在瑞士日内瓦逝世。遵照其遗愿，其一部分骨灰葬在中国，地点在北京大学未名湖畔。

1937年卢沟桥事变前夕，斯诺完成了《西行漫记》的写作。10月《红星照耀中国》（《西行漫记》）在英国伦敦公开出版，在中外进步读者中引起极大轰动。1938

年 2 月，中译本在上海出版，让更多的人看到了中国共产党和红军的真正形象。

贺龙师长说："在我们见面之前，天天都有人提起白求恩大夫，八路军指战员都爱戴你，尊敬你。我们非常感激加美共产党和两国人民对中国抗战的无私援助。……八路军物质生活条件很差，你从富裕环境来到贫困地方，是靠你战胜一切艰难困苦的坚强意志和百折不挠的革命精神。八路军能够发展壮大，也靠这些。靠与人民群众同甘共苦，靠革命的乐观主义。"

白求恩表示希望尽快去晋察冀前线，在准备等待的过程中，他还不停地救治伤病员。

……

6 月 16 日，白求恩一行抵达山西省五台县晋察冀第二分区军区司令部。第二天下午，医疗队出现在金岗库村，驻地军民近千人列队欢迎。聂荣臻司令员身着整齐的军装，精神焕发，站在队伍前头。

大路旁，军民排着整齐的队伍；山坡上，写着"热烈欢迎"的巨幅标语。战斗在敌人心脏的边区军民，热烈地等候着帮助我们抗日的白求恩同志。一支被烟尘裹着的马队飞也似的冲过来了。欢迎的队伍立即响起了口号声：

"热烈欢迎白求恩同志！"

"全世界人民大团结万岁！"

"打败日本帝国主义！消灭法西斯！"

白求恩翻身下马。跑步向人们走来。顿时，沸腾的人群达到了热烈的顶点。

白求恩见到聂荣臻司令员的第一句话就是："司令员同志，我的战斗岗位在哪里？"

当司令员介绍了晋察冀抗日根据地的建立、目前抗日战争的形势和军区卫生工作的情况后，对白求恩同志的到来表示热烈欢迎，对他带来的加美人民援助的药品、器械表示万分感谢，并告诉他军区打算聘请他担任晋察冀军区卫生顾问时，白求恩面无难色，一口答应。

正是怀着这样的一种革命精神，在到达军区司令部的当天晚上，白求恩就要以卫生顾问的身份到后方医院去工作。

白求恩是个急性子，他最快乐的时候就是工作的时候，工作起来又是个拼命三郎，他的这种革命精神，令人钦佩。

下午，召开了欢迎加美医疗队大会。军区直属部队、边区政府机关、附近村民、农村干校等数千人参加集会，军区政治部主任舒同致欢迎词，白求恩在大会上讲话，刚从阜平县调来的董越千给白求恩大夫当翻译，白求恩说："我万分幸运能够到你们中间和你们一起战斗和生活。我要和中国同志并肩战斗，直到抗日战争的最后胜利。"

……

6月18日，天刚蒙蒙亮，一弯残月还挂在西山峰顶，白求恩却已整好行装，牵马来到司令部。他要向司令员告别，去后方医院工作。战斗就在几十里外的地方进行，炮火连天，战斗正酣，白求恩的心早已经飞到战争前线,炮火催促他,伤员等待他,他哪能安安稳稳地躺在床上呢!

望着白求恩整齐的装束和渴望战斗的目光,司令员没有多说什么,立即告诉有关同志,准备送白求恩同志出发。

当太阳刚刚从东山放出红霞的时候,白求恩又踏上了去往军区后方医院的路,他的心情是急迫的,他知道每时每刻都有战士受伤,如果得不到及时救助,就可能危及生命。

当天中午,白求恩一行抵达后方医院驻地五台县松岩口村。晋察冀军区卫生部部长叶青山带领卫生部和后方医院的同志们早就在此迎候。

一见面,白求恩就问:"这是什么地方?伤员呢?"

叶青山解释说:"这是卫生部,伤员都住在老乡家里。"

"那我们现在就去。"

"吃过饭再去吧。"

"离开饭还有多长时间?"

"再有20分钟就可以了。"

"那我们先去看看伤员。"说着,白求恩转身向院外走去。

叶部长赶上去伸手拦住他,恳切地说:"先休息一下吧。路上已经很辛苦了,吃不消的。"

白求恩继续向院外走,边走边说:"我是来工作的,不是来休息的。你们不要把我当成老古董,要把我当成一挺机关枪使用!"

就这样,白求恩在到达晋察冀军区司令部的第二天,就在他骑马奔驰了30公里，在距离吃午饭只有20分钟的时候，他水没喝一口，烟没抽一支，连坐一坐都不肯，径直去看望伤员了。

只要有战斗，决不停歇

白求恩开始了新的战斗！

白求恩要求同志们把他当成一挺机关枪使用，他自己也正像一挺机关枪一样，只要有战斗，决不停歇。

正是怀着这样一种革命精神，白求恩在来到五台县松岩口军区后方医院的第一个星期里，就为520多名伤员做了检查。在接下来的一个月里，他和布朗医生共完成手术147例。后方医院散布在60平方公里的山洼里，在这60平方公里的土地上，每一个病房都留下了他的足迹，每一个伤员都得到了他的治疗。白求恩为八路军伤员呕心沥血，他火一般的革命激情，温暖着边区军民的心。

一周检查了520多名伤员，这是一个超乎寻常的数字。要知道，这些伤员都分散在群众的家里。要做到这些，只有自己更多的付出，时间对于每个人都是一样的，只有把别人休息的时间用到工作上，才能做更多的工作。白求恩就是这样，每天天不亮，他便和同志们一起沿着崎岖的山路，踏着清晨的露珠，走进一座座村落，来到一个个伤员的面前。他弓下身子，为他们做全面的体格检查；揭开纱布，观察他们伤口的愈合情况。腰酸了，背痛了，他仍然一丝不苟。汗水从他满是皱纹的前额淌下来了，他擦都顾不得擦。跟随着他的医生们看他眼里布满了血丝，脸上堆满了倦容，劝他休息休息，可是他仍然执意到另一个住着伤员的老乡家去。就这样，他晨迎朝霞，晚送夕阳，在崇山峻岭之中出没往返。平均每天走几十里路，检查70多名伤员。白求恩的心中满是伤员，顾不上自己的苦和累，挽救生命，就是他工作的最大动力。这也是一个医生的出发点和归宿，生命至上，白求恩用自己的行动表明了一个医生的救死扶伤和革命人道主义。战争是残酷的，但有了白求恩这样的医生，那些伤员就有了一丝光亮，有了生存的希望，白求恩的精神温暖了战士的心。

一个月里，施行了147次手术，这又得付出多大的精力啊！要知道，这里的医疗条件是十分简陋的。这里没有设备完善的手术室，每到一地，白求恩都要和大家一起在群众腾出的空房里重新布置，搭建临时手术室。在天棚上挂上白布，往地上洒一层水，把四周的尘土蛛网清扫干净……

整个边区，没有一个医院有一套完整的手术器械，备用的器械也很少。每天手术完，他们都要擦洗一遍，然后连夜煮沸，准备第二天手术时再用。手术中没有必要的观察仪器，手术中的变化只能靠经验来判断。于是，白求恩既是手术者，又是指导麻醉师，还得帮助护士观察病情。就在这样的条件下，他们平均每天要做五台手术。有时往往因为一个小意外，一台手术就要费上十几个小时的时间。就在这十几个小时的手术中，白求恩的身心都要处于高度紧张状态。完成整个手术，不仅需要顽强的毅力，而且需要丝毫不差地判定每一刀的起落，假使稍有疏忽，误伤了一条血管，一根神经，就会给伤员造成终生的残疾。由于医疗条件差，这种意外偏偏来得十分频繁。每当手术结束，白求恩都十分疲乏，他的年龄和体力，已经无法承受这样大的负荷了。可是，他偏偏要向年龄、体力挑战，一个做完手术的伤员被抬走了，他又不停地喊："下一个！"

……

8月15日下午，白求恩和几个同志一起，到距离松岩口40公里的后方医院一所检查伤员。他们先为二十几名伤员进行了全面检查。下午5时，从前线送来了一名重伤员。他是晋察冀第三分区的朱元新团长，一个蚕豆大的弹片嵌进了他头部的太阳穴，额骨已经裂了，神志不清，生命垂危。

"还有希望吗？"白求恩紧张地思考着。他再一次检查了伤情，冷静地分析和判断："如果手术，弹片上那尖利的棱角会不会划破脑实质？如果就这样拖延下去，伤员已经神志不清，伤口再感染化脓，生命就更加危险了。"

白求恩和所长轻声讨论了一会儿，然后用坚定的目光望着大家，一字一句，深沉有力地说："我们要争取挽救生命的一线希望。我们不能看着我们的同志活活地走向死亡。手术，也许能挽救这位伤员的生命，但是，也可能遭遇失败。怎么办呢？"白求恩停下来，端详着同志们脸上严肃的表情，接着说："我认为，一个八路军的医生，如果为了逃避自己的责任对伤员采取敷衍的态度，那就应该受到革命的谴责。这同一个战士看见敌人扑来了而掉头逃跑一样，是可耻的。所以，我和所长同志认为应该为这位伤员同志做手术。现在，主要的工作是想尽办法控制感染，为手术创造条件。"

所长赞同地点了点头，补充说："立即打电话给院部，请他们迅速送来脑外科手术器械。我们先用药物给伤员控制感染。"

同志们一致表示同意，并立刻分头忙碌起来。

白求恩问："有滴瓶吗？我们需要将药液滴入伤口。"

"没有。"几个同志同时为难地说。

"哦！"白求恩愣了愣，转而又安慰大家说，"没关系，我们用药瓶来代替。"

"用药瓶？那就让我来吧。"同志们都争着做这项工作。

但是，白求恩一个一个点着名说："你们三个同志刚刚献过血，不能担任这个工作了，其他的同志应该马上去准备手术，因为你们更熟悉这里的情况。"

说完，白求恩取出一瓶药水，来到伤员面前。伤员睡在铺着草垫子的地铺上。白求恩半蹲半跪着弯下身子，把药瓶对准伤员那个不到一公分大的伤口，将淡黄色的药液一滴一滴滴进伤口里。

时间一分一秒地过去了，白求恩一动不动，整整坚持了两个小时。

已经吃过晚饭了，所长几次劝他去吃饭，白求恩都不肯离开。

护士长几次请求替换他，他也都拒绝了。

医生们一齐过来劝说："让我们来吧，我们一定很好地完成任务！"

白求恩只是轻轻地摇摇头。

最后所长忍不住了，强行把他拉起来，护士长硬从他手上夺过药液，这才好不容易把他拉走了。人们看到，白求恩是踉踉跄跄地走出病房的。

大约过了半个小时，白求恩又回来了，他疼惜地看着护士长专心致志的神态、耐心细致的动作，微笑着说："让我来吧。"

一分钟，两分钟，一个小时，两个小时，他们就这样坚持着，坚持着，一直到深夜12点。他们终于为伤员赢得了做手术的条件。经过手术，伤员转危为安，生命的光辉又闪耀在他的眼睛里。

白求恩和同志们的脸上露出了微笑。为了挽救这个伤员的生命，他们付出了多大的心血，显示出多么惊人的毅力啊！白求恩已经是年近五十的人了，一条腿跪在铺位上，一只手臂一动不动地举着药瓶，汗流满面，不能眨一眨眼睛；腰酸腿麻，不能动一动身子。全身机械地重复着一个静止的动作，将药水滴进伤口；一双眼睛单调地计算着数字——每分钟几十滴。就这样，他们跪着、举着、看着，一直持续了将近七个小时。这难道仅仅是因为一个医生的责任感吗？不，那每一分，每一秒，都显示了他对中国人民解放事业的忠诚，他对八路军战士的阶级深情啊！

还是在后方医院一所，一天清晨，白求恩巡视完伤员回来，表情变得十分严肃。他吩咐值班护士："请把护士长找来。"

护士长来了。白求恩严肃地问道："接待室里的那几名伤员是什么时候送来的？"

"昨天夜里12点多。"

"为什么没有立即报告我？"白求恩特别强调了"立即"两个字。

护士长似乎觉察出什么，低声回答："因为你睡得太晚了，我和王医生想让你多休息一会儿，便按你以往的要求对伤员做了处理。"

白求恩严厉地追问："我曾经向你们强调过一个规定，你还记得吗？"

"记得，凡有伤员送到医院来，只要你在，必须立即报告，由你直接参加处理。"护士长回答说。

"对呀！"白求恩的表情更严肃了。"你记得很准确，可是你没有执行。这是违反规定的行为。严重的是，你是一个领导人，你应该想一想，我们为什么要有这个规定？"

"你解释过这样规定的目的：第一，便于及时发现丹毒、破伤风等传染病，能迅速采取隔离措施；第二，对于重伤员可以及时抢救，不至于耽误；第三，你亲自检查伤员，能全面了解情况，保证采取及时有效的治疗措施。"

"不全面。"护士长一说完，白求恩立刻接口说，"你丢了最主要的。你想想看，从前线送来的伤员，特别是夜间送来的伤员，有几个不是重伤员？你再想想看，战斗中战士们是怎样争分夺秒的？因为时间就是胜利！同志们在前方英勇杀敌，流血牺牲，我们在后方工作的同志，三五个晚上不睡觉又有什么关系？他们不只是我们的伤员，更重要的，他们是我们的同志、战友，是同法西斯直接战斗的英雄战士！我们为前线的战士们服务，不是恩赐，而是应尽的责任。只有记住这一点,你才会爱护伤员胜过自己,才不会为了照顾我而不立即报告了,我说得对吗?"

护士长难为情地搓着手,回答说:"对!白大夫,我完全明白你的意思。"

白求恩笑了,拍着护士长的肩膀,关切地问:"好了,我可能太严厉了。你昨天一夜没睡吧?"

护士长点了点头。

对同志们的工作热情,白求恩一向是非常满意的。他想夸奖几句。一转念,他又故意板起面孔说:"嗯,这不能成为原谅你的理由。请接受命令:和我一起,跑步前进,到接待室去,立即为伤员施行手术。"

护士长响亮地回答:"是!"

他们一起重新检查了伤员,为一名头部负伤和一名膀胱负伤的伤员做了手术。直到上午 10 点钟,手术做完,白求恩才吃早饭。这时白求恩体贴地把护士长拉回宿舍,命令她必须睡两个小时。看着护士长躺下了,白求恩又弯下身子,诚恳地说:"对不起,我今天向你发了脾气,请你原谅,以后我有什么不对的地方,也希望你批评我,我将百分之百地在工作中改正。"说完,他转身向其他病房走去。

看着这一切,部长、院长、所长心潮起伏;

看着这一切,医生、护士暗暗鞭策自己;

看着这一切,伤员们感动地流下了热泪。

可是,谁又能使这挺"机关枪"停下来呢?领导同志多次劝阻他，不能再不分昼夜地工作。可是没有一次能说服他。白求恩日日夜夜关心着伤员，凡是他做过手术的伤员，他每天都要仔细地询问："伤口还痛不痛？""感觉好不好？"白求恩经常说："只要伤员告诉我一声'好'，我就不知道怎么快乐了！哪怕我个人累些苦些，我都感到十分愉快！"周围的医生也常常在做手术和检查伤员时要求替换他。可是，你从手术室把他替换出去，他又到病房去了。你把他从病房拖回宿舍，他一会儿又在换药室出现了。

一天午饭后，白求恩刚躺到床上休息了一会儿，就又披上衣服向后方医院门前的清水河跑去了。原来，他听说清水河下游的居民是用这河里的水洗菜、做饭、饮牲口的，而医院人员常在河流中游洗带着脓血、细菌的敷料，这不是影响下游人民和牲畜的健康吗？白求恩匆忙赶到河边，和同志们一起，在河滩的远处挖了一个大坑，把河水引过去，作为清洗池，清洗池里洗过敷料的脏水，又开道引到另外的一条干沟河里。他一再嘱咐大家，今后不许再到河里洗脏东西了。等干完这些工作，下午的手术又该开始了。在后方医院，同志们常常议论说："没有一件事白求恩没有想到，没有一分钟白求恩不在工作。"

实际上，白求恩的工作远远不止于医疗活动。在那紧张的医疗工作的间隙，白求恩还在为中国人民的抗日战争胜利从事其他工作。他积极参加了一个宣传委员会的工作，这个委员会专门向国内外报刊组织编写介绍根据地人民抗日战争的文章。他担任了这个委员会英文组的组长。他向国外发出过题为《一颗未出膛的子弹》的短篇小说,给《晋察冀一日》征文写过文章,介绍他亲眼看到的中国人民抗日战争的英雄业绩,揭露日本帝国主义的罪恶行径。他向在加美的朋友写过十几封长信,请他们在国外代为宣传,为中国人民的解放事业争取更多的支持和援助。

白求恩利用参加过西班牙反对法西斯活动的优势,起草了后方医院的防控条例和其他必要的工作章程,编写了两本供医护人员学习的内外科材料。

他先后写过数万字的工作报告,向毛主席、党中央以及军区汇报工作。

在这充满革命战斗精神的日日夜夜里,紧张的工作占据了白求恩所有的时间。他那80岁的妈妈从万里之外来信了,关切地问起他的工作和生活,他一直没来得及提笔回信。一天繁忙的工作使他常常在深夜感到全身酸痛,可他总是自己稍稍按摩一番,从不肯告诉同志们。也就是在这紧张繁忙的日子里,他开始认真地学习中文。

他对翻译说:"不能和我们的战士直接交谈,这是我无法形容的痛苦。我要了解中国人民,也希望中国人民了解我。这就是我为什么在年近五十开始学习中文的原因。对任何外国语言我都没有发生兴趣,唯独对中文发生了特殊的情感。"

在白求恩的文章和书信里,在白求恩的工作报告中,在白求恩和同志们闲谈时,他一再申述过这样的思想:

"处在这样伟大的抗日战争的最前线,你不能不想一想,他们——这些英雄的八路军、这些坚持斗争的人民,在毛主席和中国共产党的领导下，从过去到现在，为亚洲、为世界人民的共同解放事业做出了多少惊人的努力，又承受了多么巨大的牺牲！他们在十分艰难困苦的条件下创造出的英雄业绩，表现出的斗争精神，怎能不促使你产生一种新的工作热情！想到他们前仆后继所要实现的伟大理想，又怎能不尽一切所能，为他们多做点什么呢！"

……

伤员们一批批恢复健康，重返抗日战争前线了。

看到战士们重返前线，白求恩抑制不住内心的喜悦，他拍拍这个战士的肩膀，整整那个战士的背包，和同志们一起热烈地欢送他们。

但是，这并没有使白求恩感到满足。不久前的一次手术，像一股无形的、强大的力量，催促着他、推动着他，使他内心深处不能平静下来。

那还是在来晋察冀边区的路上，在用一块门板搭起的手术台上，躺着一位年轻的战士，他的右腿在一次战斗中被敌人的子弹打穿了，送到医院时，医生给他清洗了伤口，上了夹板。可是，不知怎么搞的，他的伤势在继续恶化。这引起了白求恩的高度重视。他从伤口里取出一点脓液嗅了嗅，脓液散发出一股难闻的恶臭味；他又轻轻地将一根探针插进糜烂的伤口，突然，他感到探针像是被什么东西堵住了，赶忙要了一把镊子，没想到，竟从伤口里夹出一团棉球！为什么伤员的伤口一直恶化？就因为这个塞在伤口的棉球使脓液不能排出啊！这是一个不能容忍的失误。白求恩用严厉的目光巡视着，把镊子高高举起，大声地质问："这是谁干的？"

手术室里一片寂静，不一会儿，从人们身后传来一个孩童般的声音："我。"

一个十五六岁的招呼员（即现在的卫生员），带着惊慌的神情，从后边挤了出来。

"你，你为什么这样疏忽？！"白求恩大声地质问。

小招呼员什么也没说，只是难过地低下头。

伤员支撑着坐起来，诚恳地对白求恩说："白大夫，你不要批评他了，是我让他放的。"

"你？"白求恩惊愕了，"为什么呢？"

伤员喃喃地说："我看伤口经常流脓，就想用棉花把它吸干，只要伤口干了，我就有理由要求回前线了。我不知道会引起这样的后果，白大夫，要批评就批评我吧！"

"不，你是伤员，你要求回前线的心情值得钦佩，问题在这位招呼员同志，作为一个医务人员，无论如何不应当犯这样的错误！"

伤员继续为小招呼员辩解着："他还不能算一个医务人员。两个月前，他还是一个放羊的孩子，后方医院来到这里，他才当了招呼员。他什么也不懂啊！"

小招呼员忍不住了，他擦干了泪水，抬起头说："白大夫，是我错了，我没有很好地学习，也没有及时向医生报告，没尽到责任……"

伤员打断了他的话，抢着说："不能怪他，他一个人要照顾几十个伤员，他已经够辛苦了。"

看着两个年轻人的争执，白求恩不知说什么好，他心情沉重地环视了一下默默无言的同志们，压低声音说："也许，我不应该批评任何人，伤员是为了要求重返前线，消灭敌人；我们这位年轻招呼员缺乏经验，才犯了这样不可挽回的错误。但是为了今后不再发生类似事件，我必须向同志们说明：由于这个棉球堵住了伤口，大量的细菌进入了伤员的骨髓，在伤员的骨髓里形成一个病灶。结果……"

他停顿了一下，弯下腰对伤员说："同志，我们必须把你的这条腿锯掉呀！"

"锯腿？"方才还为招呼员辩解的伤员一下子激动起来，他一把抓住白求恩的手，恳求地说："白大夫，你能不能再想想办法呀？我不能没有腿，我还要上战场呢！"

听着伤员真诚地恳求，白求恩心里像刀割一样。他沉默了好久，难过地摇了摇头。

"白大夫！"伤员痛心地说，"不能呀！请你替我想想，我才21岁，抗战正需要我。我才消灭了6个日本鬼子，我还得上前线，我要报仇，我们村子里的人几乎全叫日本侵略者杀光了。白大夫，我怎能眼睁睁地看着鬼子杀害我的同胞啊！"

伤员的话，像针一样扎进白求恩的内心。他再一次打开伤员的病情记录：高热的体温，只有4.5克血色素，大面积的骨质腐烂和营养不良。如果不做手术，随时可能引起败血症，他的生命就会受到严重威胁。想到这些，白求恩不能不坚持原先的意见。

"同志，不做手术是会有生命危险的！"

"可是没有腿，我怎么上前线？不能上前线打日本鬼子，我活着还有什么用处啊！"

"多好的战士啊！"白求恩实在不忍心拒绝他的请求。创伤的痛苦，他连哼都不哼，医疗上的错误处理，他连半句怨言都没有，他想的只是上前线消灭敌人。可是伤情不允许白求恩改变主意。白求恩抚摸着这个战士的手，充满感情地说："同志，我不完全同意你的意见。我认为一个战士的岗位不只是在炮火前线，一个革命者的生命意义要更广泛、更深刻。我的年龄比你大，可以向你提供一点有用的生活经验。我见过这样的现象：有的人虽然走上了前线，但斗争证明他是一个怯懦者；有的人尽管四肢健全，但在庸碌中度过了一生。而我们战斗的共产党人，只要心脏还在跳动，我们所到之处无不是斗争的阵地，只要大脑还能思维，我们就可以为伟大的共产主义事业贡献力量。同志，你不能拒绝截肢，你还年轻，你还可以做许多革命的工作，你的生命是属于我们整个阶级的。"

周围的人屏住了呼吸，静静地听着。伤员渐渐平静了，顺从地躺在手术台上。

一条腐烂的腿被锯掉了，鲜血从断肢的血管里殷殷流出；伤员被抬走了，断肢留在手术台上。看着鲜血和断肢，那个小招呼员眼里闪动着泪花，把惭愧的目光投向白求恩。白求恩无言地搂住他的头，一双拳头握得嘎巴嘎巴直响……

事情已过去一些时日，那个小招呼员的目光和那条断肢不时地出现在白求恩眼前。他无法把它们排除，因为那目光，是从我们同志的眼里投来的；那断肢，是我们阶级兄弟的骨肉啊！

在一个秋夜，白求恩手提马灯去检查伤员的情况。他刚刚走进病房，就听到有人急切地呼唤护士。因为护士有事到别的病房去了，白求恩急忙答应着跑过去。

白求恩亲切地说："同志，你喊护士有什么事呢？"

伤员摇摇头说："没有。"

白求恩解释道："同志，有什么要求就讲吧。"

伤员还是摇摇头。

白求恩看着这位下肢负伤的伤员，想了想，转身从地下拿起了便盆，抱起伤员，将便盆放在伤员的身下。伤员躲闪着，不想让白求恩帮助。

等伤员小便完了，白求恩拉着他的手，通过赶来的翻译郑重地说："对不起呀！同志，我们的护士少，没有及时帮助你，让你着急了。今后只要需要，你可以要求任何人帮助你，千万不要客气了。特别对于我，你不应该拒绝我为你服务。因为在八路军里，我也是一名普通的战士。"

伤员感动地说不出话来，眼里流下热泪。白求恩又给他倒上一杯水，掖好被角，才放心地向别的病房走去。

雨越下越大，衣服被打湿了，寒气逼人，白求恩好像没有发觉，仍然精神抖擞地向前走去。

风越刮越急，一阵冷风袭来，翻译停下来，心痛地望着浑身湿透的白求恩。白求恩好像没有看见似的，又走进了另一个病房。

黑暗中，有人在小声议论。他们一进来，声音戛然而止。翻译举起灯照了照，伤员们显然没睡。

"你们为什么不睡觉？"白求恩问。

一个伤员回答说："他的被子湿了，我们要把自己的让给他，他不同意，就争起来了。"

"哦。"白求恩走到负伤的那个伤员床前，把手伸到被子下摸了摸，原来这个伤员的导尿管漏尿把自己的被褥洇湿了，白求恩换好了导尿管，转身走了。

不一会儿，白求恩和翻译一个抱着被子、一个抱着褥子赶来了。伤员着急了，推开被子说："白大夫，你这么大年纪，我怎么能盖你的，这点儿困难我能克服。"

"我们一起克服吧，天快亮了，不要再争了。"白求恩推开他的手，硬把被子盖在伤员身上。

这天晚上，叶部长听说白求恩——谢绝了同志们给他送来的被子，立刻赶去探望他。当他走进白求恩的房间时，白求恩蜷缩着身子，身上盖着自己的大衣，脚下压着翻译的棉衣睡着了。他睡得那样香甜，嘴角还挂着一丝微笑。望着床上的这位加拿大战友，部长真是感慨万千：在加拿大，在这样的夜晚，他这样一个著名的医生，也许正睡在柔软的床上，舒开疲劳的四肢；或者坐在写字台旁，翻阅着各地的来信。可是他毅然放弃了这一切，心甘情愿地和我们一样穿布衣草鞋，吃土豆小米，连自己的被子也让给了阶级弟兄！部长把自己的大衣轻轻地盖在他身上，又端来一盆炭火，放在白求恩的床边。

窗外，冷风呼啸，寒意更浓了。屋里，红光闪闪的炭火燃烧着，温暖着熟睡的白求恩……

创办八路军模范医院

白求恩了解八路军的艰苦卓绝，他留心过八路军的一个师医院，只有2名医生，18名护士，他们却要照料180名伤员。他们的器械、装备，说起来简直叫人吃惊，整个医院仅有24把镊子，12副夹板，5磅纱布棉花。如同在战场上战士们用石块代替弹药一样，医院里的同志们用的几乎全是代用品；用铁丝做的探针，用竹签做的镊子，把棉花吊在大水桶里蒸汽消毒，用锯木头的锯子锯骨截肢……

艰苦卓绝，是中国人民抗日战争的一个特点，也是让人感到最钦佩的一点。白求恩在给毛主席写的报告中，特别写了这样一段话：

> 自从来到八路军之后，我时常听说我们必须忘却在其他军队中的许多习惯，因为八路军的设备和有训练的医务人员都非常缺乏。可他们在这种情况下是尽力而为的。我很快就相信了，我看到了在最简陋的情况下，医务工作者忠于职责的许多事迹。

这种忠于职责的事迹,在白求恩的思想上留下了极为深刻的印象,他把这些事迹看作是宝贵的精神财富。他在给毛主席写的报告中特别写了这样一条体会:

> 我在此间不胜愉快。我深深感到必须向中国同志学习,学习他们为其美丽的国家对野蛮的法西斯而进行英勇搏斗的伟大精神,我将以这种精神投身于解放整个人类、整个亚洲的斗争中。

在医疗工作中,战胜困难、改变条件是一场同日本帝国主义争夺战士和人民的生命的战斗!

"机关枪"又对准了新的目标。一连几个夜晚,白求恩在草拟一个医院改革的计划。

几声"砰砰"的叩门声打破了深夜的寂静,翻译走进来,见白求恩还在工作,笑嘻嘻地说:"该睡了,白求恩同志。"

白求恩一边站起来让座一边说:"睡不着啊,同志。"

"怎么啦?"翻译问。

"我在想,作为你们的同志,我还能做点什么呢?"

翻译不解地问:"做点什么?你不是做得很好吗?你热情工作,给同志们留下了深刻的印象。在你的帮助下,许多伤员恢复了健康,重新走上了前线,为抗日战争做出了贡献。在前方后方,大家都在称赞你呐!"

"不,同志。"白求恩摆了摆手,若有所感地说,"对于我,不能仅仅满足于治疗伤员。我是一个共产党党员,我所做的一切,都应该是为了被压迫被剥削的民族和人民的解放,为无产阶级革命事业的胜利,为了社会主义和共产主义的实现。所以我到西班牙去,和西班牙人民一起抗击西方的法西斯暴徒;我到中国来,和中国人民一起反抗日本法西斯的侵略。如果我的工作不是向着这样一个伟大目标,我这些工作又有什么意义呢?所以,当我想到前线的战士们正在喊着消灭法西斯的口号冲锋时,我的心里很不安,我为他们做得太少了。而我向毛主席提出的建议和保证,还没有付诸实践,我怎么能不想呢?怎么能不好好想想呢?"

翻译为白求恩的这一席话感动了,说:"白求恩同志,你想得很深很远。我们应该把眼界放得开些,看到今天的战斗,是为了世界的明天。《国际歌》中的最后一句说得好:'这是最后的斗争,团结起来到明天,英特纳雄耐尔就一定要实现!'"

"对呀!我们今天所做的一切,都不能忘记实现共产主义这个伟大目标。我们的眼界要看得远些。我们要医治日本法西斯给人民造成的创伤,要消灭这些制造创伤的敌人,还要看到整个世界革命人民反对帝国主义、反对法西斯的伟大斗争。对吗?"

"很对!"翻译激动地回答。

"所以,我想只靠我和少数人这样忙碌下去,到底能有多大贡献呢?尽我们的力量,帮助中国培养出大量自己的医生和护士,这应该是我们医疗队的主要任务。这样,就不是一个人或少数人,而是一批一批的人,许多人,去同医疗方面的困难作斗争了,困难也一定会更快地被克服。"

"你的意思是办一所学校？"翻译问。

"那当然好，可暂时还不具备条件。"白求恩把刚才写的一些改革方案向翻译面前推了推，说，"我们是不是可以在这些医院的基础上进行一些改革？办一所示范性的医院，我们就叫它模范医院吧。没有器械，我们自己动手做；没有教材，我们自己编；制定一些必要的制度使医院的工作更有条理，把我们的工作改革一番，使它更好地为抗日战争服务。这样，经过一段时间，我们就可以培养出一批有经验有技术的医护人员，他们还可以到其他医院去教别人。这样，用不了多长时间，我们整个军区的卫生工作一定会出现一个新的面貌。"

翻译心急地说道："计划写好了吗？什么时间开始翻译？"

"想了很长时间，才写了这么一点。你知道，我对八路军的卫生工作了解得还很少。好在这个计划是试着提出来的，如果大家同意，我就报告毛泽东、聂荣臻同志，争取他们的批准。"

年轻的翻译从白求恩手里接过筹建模范医院的计划，伏在桌上，专心致志地翻译着。随着一行行字母，他好像看到了一所崭新的医院：井然有序地工作，技术熟练的医护人员，伤愈归队的战士……这是多么美好的设想啊！翻译和白求恩的心情一样急迫，他们太希望中国的医疗条件实现好转，希望伤员得到及时有效的救治，减少伤亡，为伟大的反抗法西斯战斗蓄积力量，实现最终的胜利。

筹建模范医院的计划很快就送到领导同志和群众的手里，经过研究，许多同志都给予热情的支持并提出了不少补充意见。但是，也有个别同志有顾虑：能办成吗？

其实，对于模范医院的筹建，白求恩也不是没有想到会遇到困难，有困难就不办吗？这显然不是白求恩的性格，也不是中国人民的性格。他知道困难会有的，但只要是对中国人民的抗日战争有利的事情就应该去办，克服困难，争取胜利，这是白求恩和中国人民的共同心愿。白求恩从实践出发提出的建议，也是他从众多伟大的著作中得出的结论。白求恩善于学习，也刻苦学习，在繁忙的工作之余，他的时间都用来学习。

入夜，白求恩聚精会神地在阅读一本英文版的《马克思主义手册》，他从伟大导师的著作里，寻求战斗的武器。

白求恩的对面坐着翻译，他正在细心地为白求恩翻译毛主席的著作《论持久战》。

夜深了，白求恩时而把目光从书本上移开，在一旁草草写下几行字；时而用双臂支着下颌，默默地思考；时而又站起来面对窗外，看着那连绵起伏的群山。他耳边好像响起了前两天讨论会上一个同志的声音："办模范医院好是好，但我担心，人呢？物呢？敌人来了怎么办呢？"

是啊，谁能说没有困难呢？可是能退缩吗？不！那不是一个共产党人的态度！共产党人是不应该害怕困难的。

室内长时间的寂静，终于被白求恩打破了，他来到翻译面前，激动地问："我们处在反法西斯斗争的前线，我们有困难，靠什么来克服？"

翻译好像还沉浸在他的译文中，沉吟着，若有所思地说："毛主席在《论持久战》中告诉我们：'战争的伟力之最深厚的根源，存在于民众之中。'又说：'抗日战争是持久战，最后胜利是中国的。''在今天，虽然存在着许多困难条件，规定了抗日战争是艰难的战争，例如敌人之强，我们之弱，敌人的困难还刚在开始，我们的进步还很不够，如此等等，然而战胜敌人的有利条件是很多的，只须加上主观的努力，就能克服困难而争取胜利。'"

白求恩挥动着双手说："毛主席讲得好极了！好极了！八路军战士缺少武器，是不是就不打仗了呢？不，他们从敌人手里夺得武器，顽强地战斗着。我们有经过锻炼的战士，有广大的人民群众，有坚强的党的领导，我们就能夺取革命的胜利！技术水平低，可以学习提高；今天不懂的知识，明天就会懂得；没有设备，也不怕，我们有一双勤劳的手，可以创造。总之一句话：'克服困难，依靠群众；克服困难，依靠我们自己！'"

……

很快，一个鼓舞人心的消息传来了：晋察冀军区司令员聂荣臻转来了毛主席的电报！

电报里，毛主席同意白求恩担任军区卫生顾问，对他的政治思想水平和工作能力表示完全信任；电报里，毛主席批准了白求恩关于建设"模范医院"的报告，并指示军区按照他的计划办理；电报里，毛主席对白求恩的生活十分关怀，指示军区每月发给他100元的津贴。

毛主席的信任和关怀，使白求恩深受感动。他握住军区卫生部部长叶青山的手，感激再三地说："请转告毛主席，请他放心，我决不辜负他的期望！"

军区决定将后方医院二所改建为"模范医院"，院址就设在松岩口村旁的龙王庙。这次改建医院的工作被命名为"五星期运动"。毛主席的电报，给边区人民以极大的鼓舞，医院门前，涌来了许多热情的群众：

"为八路军修建医院，我们请战！"

"为八路军修建医院，我们报名！"

院部里，挤满了医生、护士和系着绷带的伤员。

"把最困难的任务交给我们，坚决完成！"

"身残志不残，修建医院，我们也要参加！"

人们喊声鼎沸，院长高兴地对大家说："乡亲们，同志们，咱们没有那么大的工程，用不了这么多的人手啊！"

踊跃的群众哪管这些，还是继续要求着。

改建工作在军民们"克服困难，争取胜利"的口号声中开始了。焕发出冲天革命干劲的边区军民，选定的第一个"进攻目标"是改建龙王庙。

把院址设在龙王庙是经过特别考虑的。在龙王庙建设八路军的"模范医院"，对于在群众中破除封建迷信思想，有着很大的意义；再说，利用这样的闲房闲地也不会给群众添什么麻烦。

开工的第一天，龙王庙简直比赶会还热闹。卫生部的同志们来了，后方医院的同志们来了，松岩口的乡亲们来了，第一次看到这种场面的孩子们也来了。在沸腾的工地上，人们展开一场紧张的竞赛，木工的锯声，铁匠的锤声，泥瓦匠上料的吆喝声，此起彼伏，响成一片。

手术室和病房修建起来了，可是还需要医疗器械。白求恩连夜绘制了一本加工制作的草图。第二天一早，他来到了锡匠、铁匠、木匠中间，不慌不忙地说："来吧，同志们，还是咱们自己动手！"

这样一群山沟里的工匠师傅要制造医疗器械，是一件难事，白求恩鼓励大家说："大工厂里的那些东西也是咱们这样的人做出来的。来吧，干起来什么事情都能学会。"

熊熊炉火燃烧起来。白求恩同铁匠师傅们一起劳动，他手里的铁锤上下翻飞起舞，上了年纪的铁匠师傅，一边拉着风箱，一边惊奇地望着他的动作。不一会儿，一副标准的托马氏夹板放在他们的面前。白求恩又拿起一块打得扁平的铁板，使劲锉起来。随着铁屑的迸洒，一把晶亮的刀柄又制成了。老铁匠连声称赞说："白大夫，你打得真好，以前干过我们这一行吧！"

白求恩直起身子，笑着说："一个战地外科医生，同时应该会做木匠、铁匠、缝纫匠和理发匠的活呀。"说着，又把一块铁板放进火里。

火光中，白求恩端详着一件件手术器械，一道道淡青色的光彩同他那欢乐的目光汇集在一起，闪动着耀眼的光辉。

工匠师傅们在白求恩的帮助下，互教互学，发挥出每个人的智慧和力量。一个个抡起铁锤，拉起风箱，抄起锯、斧、凿、刨，大干起来。伴着木锯的嘶鸣、铁锤的起落、火光的闪耀，医疗器械一件件被送进了手术室，送进了病房。

就在修建医院院舍、制作医疗器械的时候，白求恩和医院的领导，一时一刻也没有放松对于医务人员的培训工作。

白求恩在龙王庙的大松树下，给大家讲课，把他革命的理想、精湛的医疗技术传授给每一个人。

大松树下是课堂，站在这样的课堂上，面对这样的学生，白求恩兴奋极了，他常常轻轻地问上一句："同志们，我讲得明白吗？"

"明白！"

响亮而又整齐的回答，使白求恩感到无限的欣慰。他喝了一口水，清了清干渴的喉咙，提高了声音，继续讲下去。

医务人员的政治思想水平和业务能力迅速得到提高，互教互学的群众运动更加活跃。医生、护士们一个个走上讲台，介绍他们的学习体会和工作经验。后方医院的各种教材，发放到了全军区各个部队的卫生部门。

白求恩建议建设的"模范医院"，一开始就获得了丰硕的果实。修建院舍、制作器械、培训医护人员等一系列工作，都给部队的卫生工作提供了宝贵的经验。"模范医院"的示范作用，在短短的一个多月里已经开始得到证明。

1938年9月15日，"模范医院"建成了。

在隆重的落成典礼上，白求恩做了精彩的战地救护、伤员分类和手术示范等演示，来参观的同志无一不赞佩他那准确的动作、精湛的技术和有条不紊的工作。

聂司令员与白求恩分别在大会上发表了热情洋溢的讲话。

白求恩在讲话中特别指出:"你们不要惊讶,为什么在三万里以外、地球的那一边的我们要来帮助你们。你们和我们都是国际主义者,没有任何种族、肤色、语言、国界能把我们分开。法西斯们在威胁世界和平,我们必须击败他们。"

白求恩还讲道:"一个医生,一个护士,一个招呼员的责任是什么?只有一个责任,那就是使你的病人快乐,帮助他们恢复健康,恢复体力。你必须把每一个病人看作是你的兄弟,你的父亲。因为,实际上,他们比兄弟、父亲还亲切些——他们是你的同志。在一切的事情中,要把他们放在最前头。倘若你不把他们看得重于自己,那么你就不配在卫生部门工作,其实,也就不配在八路军里工作。"

白求恩的讲话引起了边区军民的阵阵掌声。

在会上,晋察冀边区军民送给白求恩同志八面锦旗,每面锦旗上分别用中文和英文写着:

> 白求恩,我们的同志!
> 白求恩,我们的战友!
> 白求恩,我们的医生!
> 白求恩,我们的模范!
> 白求恩,我们的老师!
> ……

这是边区军民的心里话。抗战初期,处在敌人心脏地带的晋察冀边区,生活十分艰苦。被服短缺,粮食紧张,油盐蔬菜都难以得到。生活水平大大降低的白求恩,没叫过一声苦,没喊过一声累,没挑拣过一顿饭菜,没多要过一件衣服。相反,他把首长们特意给他送来的食品、烟卷分给大家,把自己从加拿大带来的衣服送给伤员。

他处处把群众的利益放在前头,凡是可能违反群众利益的事情,一点儿也不能干。有一次,他去一个村子为老乡看病,中午开饭时,他发现桌上摆着牛肉。在那艰苦的岁月里,牛肉当然是稀有的食品,这使白求恩心中十分不安。他指着牛肉,问陪同的同志:"正是农忙季节,为什么要宰耕牛?"同志告诉他,这头牛前天晚上摔伤了,已经不能耕田,并不是为了招待他才杀的。白求恩将信将疑。直到把村干部找来,查明事实确是如此,他才放心了。还有一次,房东大娘听到白求恩咳嗽了一夜,第二天清晨背着部队的同志杀了下蛋的老母鸡,文火细炖了满满一锅鸡汤,送到白求恩的屋里。白求恩热情地欢迎老大娘坐在炕上,望着那锅鸡汤不知说什么好。等大娘高兴地离开之后,白求恩对翻译说:"看到房东大娘,我想起了自己慈祥的母亲。"

过了一会儿,他把那锅鸡汤分给重伤员们喝了。当翻译找到他时,他正在一口一口地喂重伤员喝呢!回到屋里后,白求恩拿出钱,交给翻译,让他转交给房东大娘,翻译正犹疑着,白求恩已把他推出了门,边推边说:"快,快送鸡钱去,这是我们八路军的纪律!"

在后方医院里,论年龄要数白求恩最大,身体最差,但是他决不以此自居而有一点特殊，相反，哪怕一点点额外的照顾，他都无一例外地"转让"了。前线的指战员常常把从敌人那里缴获来的香烟、罐头、饼干、咖啡给他送来，他每次都高高兴兴地收下，然后又高高兴兴地送给伤员。新麦收获了，桃子、杏子下树了，蒸出的第一锅馍馍，摘下来的第一筐果子，驻地群众总要先送给白求恩尝尝，白求恩每次都送回给群众，或照价付款，把这些东西送到伤员那里去。警卫员看见白求恩的衣服破了，就从管理处给他领了一身新的，他发现后，立即让警卫员送回去。警卫员送完衣服回来时，却看见白求恩在灯下，一针一线地缝那件破了的军衣……

作为一个外国同志，白求恩和八路军的战士语言不通、习惯不一，但是，这丝毫没有妨碍他和群众打成一片。文艺晚会上，白求恩会放声歌唱；篮球赛场上，有他矫健的身影。在衣食住行上，为了同战士们一致，他在努力改变自己过去的生活习惯。有一次，医院的粮食紧张了，为了不影响伤员的生活，管理员为工作人员买来一些刚上场的玉米，人们都啃玉米棒子，来不及晒干、脱粒、磨碎，就煮了一大锅。开饭了，人们都在啃玉米。白求恩也在一旁饶有兴味地吃着。翻译忙拉住他说："白大夫，已经给你做饭了，你可不能和我们一起啃这老玉米呀！"

白求恩问："为什么？"

翻译说："这东西不好啃，也不容易消化！"

白求恩指着正在啃玉米的同志们说："大家不都吃这个吗？为什么要特殊优待我呢？"

翻译不以为然地说："你和我们不同，你年纪比我们大呀！"

白求恩爽朗地笑了："这是我的骄傲。在前线，我可能要算年龄最大的战士，可我毕竟也是战士啊！"

翻译无可奈何地走了。白求恩高兴地一连吃了两个干玉米棒子。然后哼着"没有枪，没有炮，敌人给我们造……"的歌儿，从口袋里拿出一个小刀，精巧地在吃完的玉米棒上刻着，不一会儿，他就做成了一个特制的烟斗，正在试抽。

当翻译把饭端来请他吃时，他推开饭碗说："我已经吃饱了！"说完，他拉过翻译，亲切地说："给你，一个加拿大烟斗。在我们加拿大，农民就是用这种烟斗抽烟的。"翻译好奇地接了过来，抽了一口，甜丝丝的，开心地笑了。白求恩让翻译把刚才端来的饭送回去，若有所思地说："今天这顿午餐，使我想起了我的家乡——安大略省北部未开垦地带的农民生活。你知道，我是在那里度过我难忘的童年的。我愿意和农民在一起，愿意和你们在一起，不愿做一个特殊的人，希望你们能理解我！"

……

艰苦的生活，丝毫没有减弱白求恩旺盛的革命斗志，他常常乐观地给同志们讲艰苦和胜利的关系，他说："艰苦是胜利的先声。"在给西方一位朋友的信中，他饶有兴趣地描述了边区的人情风貌多么像加拿大北部的农村，接着又绘声绘色地介绍了边区军民怎样乐观、坚定、积极地打击日本侵略者。最后，他告诉那位朋友：

"这儿的生活相当艰苦，而且有时非常艰难，但是我过得很愉快。"

可是，他的朋友们并不都是理解他的。他的许多朋友不明白：白求恩为什么要丢开那么高的名誉、地位，抛弃那些优裕的生活去中国和八路军战士一起过艰苦的生活？

白求恩有着他自己的幸福观，这在他的一篇日记里表达得很清楚：

今天动手术，我的确累了。一共做了10个，其中5个是重伤。……尽管我的确很累，但我从来没有像今天这样高兴过。我十分满足，我尽了我的一份力量，我有什么理由不高兴呢！特别是看到自己的生活是如此充实，工作是如此重要，以至于从早上5点半到晚上9点钟，没有一分钟的时间白白度过。这里需要我。

我没有钱，也不需要钱。能和这样一些以共产主义的生活方式的同志们生活在一起，工作在一起，是我毕生最大的幸福。他们的共产主义是又简单、又深刻，像膝关节颤动一样的反射运动，像肺呼吸一样用不着思索，像心脏跳动一样完全出于自动。他们（对敌人）的仇恨是不共戴天的，他们（对阶级兄弟）的爱能包容全世界。

1938年8月21日，午后8时

医生的工作现在是在前线上

1938年9月下旬,日寇以三个师团和一个混成旅团的兵力,对五台山地区发动了秋季大"扫荡"。在这次扫荡中,刚刚建立起来的模范医院,被战火摧毁。战火使白求恩意识到,在艰苦的战争环境里,创办正规的医院是不现实的。白求恩的思路又回到在延安时曾与毛主席谈过的意见,即根据游击战争的特点,迅速组织医疗队到前线去,进行巡回战地救护。聂司令员非常赞同白求恩的意见,立即指示由白求恩、游胜华、王道建、董越千、赵冲、何自新等和数名护理人员组成医疗队,由白求恩率领到分区进行巡回医疗救护。

1938年9月28日,白求恩率医疗队参加了河北省平山县洪子店战斗的战地救护工作,为60多名伤员进行了治疗和手术。

平山县洪子店,一个风光秀美的小镇,一个见证了红色历史的小镇,更是一个英雄辈出的地方。抗战爆发后,洪子店即成为晋察冀四分区、四专署、冀西特委(后改四地委)以及平山县委、县抗日民主政府及所有县级抗日群众团体驻地,是四分区无可争辩的政治中心。抗战期间,日军无数次对这里进行"扫荡""清剿"。抗日军民不屈不挠,愈战愈强,抗日的战旗始终屹立在这个晋察冀战略要地。

11月27日,白求恩收到王震旅长派人送来的一封急信,请他于29日晨赶赴灵丘北参加战地救护。

1938年11月28日拂晓前,雁北山区,气温骤降到零下二三十度。阴霾满天，凛冽的寒风在峡谷里呼啸而过，旋卷的雪堆凶猛地扑向山崖的石壁。

白求恩和医疗队在崎岖的山路上艰难行进。这支轻骑队，昼夜兼程，在风雪中翻过了5座大山，终于在29日上午赶到了359旅指挥部。

白求恩一边推门进来，一边问："救护站的位置确定了吗？"

王震指着地图回答说："部队埋伏在公路两侧的山丘地带，指挥所设在前沿。根据部署，救护站的位置稍微靠后了一些。"

"离前线有多远？"

"有20里的样子。"

白求恩不满意地推开王震递过来的水，反问说："为什么呢？"

王震不慌不忙地拉过一条凳子，坐在他的对面，把那杯水又递了过去，慢条斯理地说："这次我们是打伏击，考虑到安全因素，我们把救护站的位置向后撤了撤。"

"谁的安全？是战士的安全吗？"

王震没有回答。

白求恩激动地站起来，说："又是对我的特殊关怀吧？我不明白，你们为什么总是把我摆在伤员的前头呢？让我们来计算一下，抬一个伤员转移一里路需要多少时间？最少15分钟吧。20里路呢？最少5个小时！假使一个伤员每小时流失500毫升鲜血——这在战斗中还不是很严重的情况，那么，5个小时就是2500毫升，一个人全部的血量不过5000毫升啊！这就意味着伤员的生命失去了抢救的最佳时机！我们常说，时间就是胜利，时间就是生命，为什么我们不算一算这笔账？"

旅长没有作声。他怎么不想呢？但是，站在他面前的是一位不远万里前来帮助我们抗战的国际主义战士，万一有个意外，怎么向毛主席、怎么向八路军的指战员、怎么向加拿大人民交代呢？

白求恩继续激动地说："原因在于同志们把我看成一个特殊的人。从年龄上讲，我是你们当中最老的一个，从国籍上讲，我们有所区别。可是，我们都是反法西斯的战士，都是阶级兄弟、革命同志！我从准备到中国的那天开始，就下定了牺牲的决心，请同志们理解我！"

旅长还是没回答。他怎么不理解呢？白求恩对革命的坚定信念，为中国人民的解放事业时刻准备献身的精神，曾经给八路军战士们多大的鼓舞啊！一些濒于死亡的伤员，在昏迷中甚至呼唤他的名字。可是，越是这样，不是越要考虑他的安全吗？

白求恩提高了声音，加重了语气，挥动着手臂说："同志，你为什么不作声呢？你为什么不说共产党应当为革命胜利献出一切呢？目前，敌人把主要的力量压向我们，整个边区面临着空前的困难。为了打破这种局面，我们发动了新的攻势，我们每一个人不都准备为这场战斗付出生命吗？这场伏击战，不，中国人民抗日战场上的每一次战斗，都是向着全世界最黑暗的势力发起冲锋，都是为着整个人类进行的正义之战！只要对整个无产阶级的革命事业有利，我们自己流血牺牲又有什么？到前线去，这是我唯一的愿望！我希望同志们接受我的请求！"

旅长连夜召开会议，决定把手术队放在离前线只有五六公里的黑寺村一座小庙里。听到这个决定，白求恩满意地笑了。他郑重地保证说："决不辜负领导和同志们的信任。"

激烈的枪炮声不断传来，战斗打响了。在临时手术室里，白求恩在医生、护士的紧密配合下熟练地做着麻醉、切开、清创、止血、缝合。手术进行得非常顺利，他的脸上露出了欣慰的笑容。

战斗打得异常激烈。伤员一个接一个地抬进来，手术室里笼罩着严肃紧张的气氛。手术器械的撞击声、白求恩时而发出短短的指示声和持续不断地传来的枪炮声，使手术室里的紧张气氛更浓烈了。这里并不是厮杀的战场，但是这里却进行着争夺生命的战斗；这里并不需要猛烈的搏斗，但是每一个人都要付出全部的力量。

时间，一分一分地过去；伤员，一个一个地抬来，又一个一个地抬走。下午、傍晚、黎明，白求恩一刻也没离开手术室……

在离手术室不远的战场上，被伏击的日寇正在疯狂反扑，垂死挣扎。

在通往手术室的路上，敌人的飞机追逐着担架队。炸弹在担架旁爆炸了，担架队员们扑到伤员身上进行掩护。边区人民，用生命的全部力量来保护自己的子弟兵！

随着炮弹的爆炸，临时手术室不时地颤抖。只听"轰"的一声，小庙的院墙被震塌了。白求恩和同志们只是迅速地瞥了一眼，一句话没说，仍然镇静地做着手术。可是，就在这时，担任麻醉工作的翻译报告了一个意外的情况，麻醉药没有了！

所有的人都惊慌了！

"怎么办？"望着陆续抬来的担架，同志们焦急地问。

"怎么办？"听着前面传来的炮声，白求恩焦急地想。

"现在，我们只好在无麻醉的情况下做手术了。在过去迫不得已的时候，我们也用过这种方法。"游副部长迅速而又坚决地说。

大家点了点头，手术又在枪炮的轰鸣声中开始了。

游部长走出手术室，用电话急迫地向各处联系麻醉药品。

白求恩几次把贴着皮肤的刀刃抬起来，伤员在无麻醉手术下难以忍受的疼痛在折磨着他，伤痛在伤员身上，但对于伤痛的感觉，在无麻醉情况下是什么样，白求恩感同身受，以至于他有些迟疑和犹豫。躺在手术台上的伤员好像看透了他的心思，诚恳地说："白大夫，你大胆做吧，我挺得住。"

白求恩紧紧地拉着伤员的手，激动地说："好同志，谢谢你，记住，这是日本法西斯的罪过！"

……

伤员被抬走了，手术台上留下了一片汗渍，白求恩看着，蹙起了双眉。无麻药只能处理一些简单伤情，需要大手术的重伤员无法处理。门前的担架渐渐增多了。望着这些受伤的同志，白求恩和同志们心急如焚。

突然，一阵急促的脚步声打破了手术室的寂静，一个周身挂满血迹的民兵，跌跌撞撞地冲了进来。那个民兵从怀里掏出一个布包交给白求恩，白求恩急忙打开："吗啡！几十支镇痛用的吗啡！"

原来在公路对侧参加伏击的民兵们，听说医疗队已经没有麻醉药了，争先恐后地要把刚刚缴获来的吗啡送过去。部队领导同志决定派一位战士和一位熟悉地形的民兵共同完成这个任务。那个战士，在穿过敌人火力区时不幸牺牲了。这个民兵把药品珍惜地揣在自己怀里，拖着受伤的身子，终于赶来了。

白求恩一手握着那个带血的布包，一手搂着这位敬爱的同志。这位民兵同志依偎着白求恩，断断续续地说："白大夫……我来……晚了……误了……用……"

白求恩感动得一句话也说不出来，只是赶忙把这位不相识的战友抬到手术台上。

11月30日，伏击战胜利结束。为了避开敌人大规模的报复，我军迅速转移。12月1日上午10时，医疗队做完了最后一例手术，也迅速撤离了。

……

战斗结束了。趾高气扬进山"扫荡"的日本侵略军，虽然垂死挣扎，企图夺路逃生，但在英勇的八路军和民兵的狠狠打击下，遭到了彻底的失败，敌人的尸体到处都是，伏击战以我们的胜利而告终。战后我军迅速转移，筋疲力尽的白求恩被扶上枣红马，最后一个离开了手术室。

这次战斗，白求恩整整40多个小时没合眼，连续做了71例手术。他确实太累了。胸部发闷，两耳轰鸣，全身酸痛。在驻地的土炕上，他靠墙睡着了。朦胧中，他听到门外有人高一声、低一声地对话：

"不行，他太疲倦了，我给你找别人去。"听得出这是翻译的声音。

"可是伤员在昏迷中还在喊白大夫呢！"这是一个不熟悉的声音。

白求恩翻身起来，探着身子问："翻译同志，你们在说什么？有事吗？"

门外的人又低声含糊不清地说了些什么。一会儿，翻译和一位气喘吁吁的战士进来了。

原来，在 30 公里外的休养所里，一名转移到那里的团参谋长发生了严重的大出血，几次结扎都失败了，休养所迫不得已来请白求恩。

一听到这个情况，白求恩的疲劳一下子跑光了。他从树上解开枣红马的缰绳，叫上来人，疾驰而去。翻译急得跺了跺脚，纵马追了上去。

在休养所的手术台上，白求恩迅速为伤员做了结扎手术。血止住了，伤员的四肢散发出微热，在场的人都松了一口气。伤员被抬走了。白求恩对留下的医生和护士们说："你们的办法不科学呀！应当一边送伤员，一边派人叫我，中途相遇，就能节省一半时间。时间就是生命！"

同志们点头称是。白求恩亲切地笑了笑，向大家伸出手说："再见！"

大家看到白求恩已经很累了，要留他住下，第二天再走，他拒绝了:"能抢救一个伤员,为伤员减轻一分痛苦,这是我们每个八路军医生最大的快乐!"

枣红马大汗未落,又在回去的路上奔腾驰骋。它好像明白了白求恩的心意,四蹄翻腾,争分夺秒。

几天后,白求恩检查了这次伏击战中做过手术的伤员。有一名战士不幸牺牲了,还有7名由于处理及时不需要再转到医院来,其中2名已经坚决要求返回了前线。转到医院来的63名伤员中,有三分之一连一点感染的迹象都没有,有三分之一只有轻度感染,有三分之一有最常见的一般程度的感染。这就是说,由于医疗队在紧靠火线几里地以内收治伤员,争取了时间,并对伤员做了正确的处理,特别是对腹部、胸部、脑部受伤的伤员在几小时内施行了手术,这就使伤员不仅绝大多数重获生命,而且绝大多数没有发生因感染而使伤情恶化的现象。

这个统计结果使白求恩大为兴奋。

白求恩在一篇日记中记述了这件事:

> 已经把我关于战地医疗队在前线给王旅长的部队作的工作报告送给了毛泽东主席和聂将军。我们现在已经证明我们的见解不错。我在曲回寺后方医院检查了所有在前线动过手术的伤员,结果我发现:71个动过手术的伤员中只死了一个人!伤员中有3个是日本人,我们已经把他们送回了他们的防线。……虽然在我们医疗队和后方医院之间没有换药的救护站,可是

三分之一的伤员到达医院时一点感染的迹象也没有！在这儿这是一件空前的事，这是一个巨大的进步。但是我们还可以做得更好些。现在这一点是肯定的了：医生在后方等待伤员的时代已经过去了，医生的工作现在是在前线上。

重要的一点：两个同样腹部被子弹打穿的伤员得到了同样的外科治疗：一个活了，一个死了。什么原因？第一个是在受伤后8个钟头动的手术；第二个是在受伤后18个钟头动的手术。……生死之差就在这10个钟头。

我们总算向前走了一段很长的路了！

在庆功会上，旅长向与会的全体指战员和群众宣布了这次战场救护工作的显著成绩，表扬了白求恩和医疗队深入火线、不怕牺牲的革命精神，旅长特别号召大家要向白求恩同志学习。

该白求恩讲话了。在热烈的掌声中，白求恩走到台前，深情地注视着台下那一张张洋溢着欢笑的面孔。他们当中有许多人他并不认识，可是，他却认为自己很熟悉他们，那些英勇杀敌的战士，那些运送伤员的群众，那些用生命换来药品的同志不就在他们中间吗？白求恩把两手紧握，高高举过头顶，用洪亮的声音说："同志们，这次战场救护的成功，确实值得庆祝，因为它开创了世界的新纪录，比我在西班牙战场上的疗效高得多。但是，你们不应该特别表扬我，因为创造这个纪录的不是你们的白求恩同志，他只是做了一些应该做的工作。创造这个纪录的是你们这些英勇杀敌的战士,在炮火下运送伤员的担架队员,冒着枪林弹雨支援我们的群众。如果还需要提起的话,那么应该提到我们的旅长,感谢他通知我们来,并且亲自部署我们的急救站。再就是我们医疗队的同志们,王医生给伤员输了300毫升鲜血还坚持工作12小时。董翻译平常只劝我注意身体,而他自己在这次战斗中患扁桃体炎,体温很高,可他仍然做了40多次麻醉。还有余医生、贾护士和其他的人,他们也很努力。我已经写信报告聂司令员表扬他们。所以,我要强调一点,是同志们,或者更确切地说,是人民,是人民创造了这个奇迹!"

"人民战争胜利万岁!"白求恩和参加祝捷会的全体军民一起喊出了这个震撼世界的战斗口号。口号声在明朗的天空中回荡,久久不息。人们心潮澎湃,浑身充满了力量。

向全世界揭露法西斯的丑恶

白求恩除了救治伤员,还发挥自己的艺术特长,广泛开展对外宣传。例如,1938年12月,他根据自己在晋察冀边区的生活体验创作了小说《一发未爆炸的炮弹》,生动讲述了一位农民爱国抗日的故事,于1939年7月8日发表在加拿大多伦多《每日号角报》上,又于1939年8月6日刊登在美国《进步周刊》上。又如,他于1938年12月前后创作了散文《创伤》,以辛辣的笔触深刻地揭露了日本军国主义者和一小撮反动的富人对中国人民,以及日本本国劳动人民犯下的罪行,于1939年分别刊载在加拿大、美国的左翼刊物上。

白求恩以自己特殊的身份,为宣传中国抗战,为争取国际同情和支援,做了许多我们自己想做而又不容易做到的事情。

广灵伏击战救护工作的成功,使白求恩异常兴奋,也给了他许多宝贵的启示,在工作空余的时间里,他常常一个人坐在门前,望着对面的山峦出神。他想什么呢?

他正在构思一篇文章。他要向全世界揭露法西斯的丑恶,报告中国人民为什么不屈不挠地同日本帝国主义斗争,以及这斗争对人类前途的意义。

几天后,文章写出来了,标题是《创伤》:

头顶上的汽灯不断地发出嗡嗡的声音,好像一窝发光的蜜蜂。泥墙、泥地、土炕、糊着白纸的窗户,寒冷的空气中弥漫着血腥和三氯甲烷的气味。现在是半夜三点钟,我随着八路军驻在华北灵丘附近。

负伤的人们,有的伤口像干涸的小池塘,上面沾着一层黑褐色的尘土;有的伤口裂开了,周围是黑色的坏疽;有的伤口表面干干净净,深处却隐藏着脓液,穿过大块坚实的肌肉,在其四周滋漫,像被堤坝堵住的河流,又像暖热的溪流,在肌肉之间或在肌肉周围流动着;有的伤口向外鼓了出来,像霉烂的兰花,或像捣烂了的石竹,是些令人望而生畏的血肉之花;有的伤口不时冒出一块块半凝固的污血,附着不祥的气泡,浮在再度往外流的鲜血上。

……

人体多么优美，它的各个部分长得多完善；它的动作多么准确，多么柔顺，骄傲而健壮！一旦受到摧残又是多么可怕。生命的细小的火焰愈来愈微弱，最后摇曳一下就熄灭了。就像一支蜡烛一样，静静地、轻轻地熄灭了。它在临熄灭时发出抗议，然后就又屈服了。它把要说的话说了，就永远静默下去。

……

还有吗？还有四个日本俘虏。把他们抬进来。在这样受着伤痛折磨的人当中，是敌人也不按敌人对待。把血污的军服剪开，把血止住，把他们放在其他伤员旁边。啊，他们就像兄弟一样！这些日本兵是职业刽子手吗？不，他们是业余士兵。劳动者的手，他们是穿着军服的劳动者。

……

他学过的马克思列宁主义的理论帮助了他，使他能站在真理的高阶上观察战争。因此，他的这篇杂文——我们且这样称呼它——在若干年以后仍然不乏魅力。尤其是医务界的人士，读着它更有一种特别亲切的感情。也许因为文章的作者也是个医生，而他是第一次用医生们熟悉的语言来剖析反法西斯战争的缘故吧。

指出了战争一方的非正义性,另一方的人民为什么会奋不顾身地同侵略者斗争就不言而喻了。应当感谢白求恩,他为我们赢得了朋友。

第五章　战斗在冀中平原

群众已经走到我们前面了

毫无疑问，中国战场是二战的主战场之一。中国人民的抗日战争是二战的重要组成部分。抗日战争是中华民族历史上最伟大的卫国战争，是中国人民反抗日本帝国主义侵略的正义战争，是世界反法西斯战争的重要组成部分，也是中国近代以来抗击外敌入侵第一次取得全面胜利的民族解放战争。

抗日战争期间，中国共产党领导人民军队深入敌后，发动群众，广泛开展了各种形式的抗日游击战，建立了大小19个抗日根据地，取得了反"扫荡"、反"清乡"等一系列战斗的胜利，形成了人民战争的汪洋大海，创造了人类战争史上的奇观。

因为人民知道自己是站在正义的一方，所以献身于民族解放斗争的事迹层出不穷。在前线已经工作半年的白求恩耳闻目睹了这一切。他是永远忘不了的。

12月6日,在返回杨家庄后方医院一所的路上,他与同行的同志又一次谈起他第一次来杨家庄的情形。

他是在军区听到一所搬迁情况的。一所从人烟稀少的招提寺搬到杨家庄后,由于和群众住在一起,工作进行得非常顺利。原先一所人员缺少的问题,到杨家庄后也得到了解决。杨家庄虽然是一个只有200户人家的小山村,但它承担了300多名伤员的安置任务,而且一般的护理工作,基本上是由老乡们自己来完成的。这么一个小山村,怎么能够安置这么多的伤员呢?当白求恩亲自走访了那些安置伤员的人家以后,他的疑问顿时消失了。

一进杨家庄,首先映入他眼帘的是沿街的墙上,写满了抗战的标语;拐弯的墙角上,钉着"手术室由此往东""内科由此往西"等指示路标;脚下的新土,说明路是经过几番修补而垫平加宽的;小河夹岸的树上,还挂着新洗的敷料(主要是绷带等)。这一切,给他留下了一个深刻的印象:整个村子很像一所管理得当的医院。

他随村干部向一个大"病房"走去,那是一位老乡家。老乡家的土炕被切割成一排单一的病床,房梁上垂着伤员练习臂力的绳子,病床旁立着散发新木清香的输液吊杆,横贯房间的铁丝上,晾着伤员的洗脸毛巾……不用说,这个老乡家是一个像样的病房。

他还看到了众多的、不穿白衣的医务人员,那是些普通的山乡妇女。她们在为伤员洗头和擦洗伤口。她们从容不迫的举止、敏捷熟练的动作,显示出她们是一批完全能够胜任医护工作的护士。

杨家庄,令人信服地证明了:在这里,村庄就是医院,群众的家就是病房,群众就是护士。小小的杨家庄使白求恩看到了一所新型的更符合人民战争实际的医院,这才是名副其实的"模范医院"!

现在,白求恩的心情和他二十几年前在大学读书时的感受很相似。在课堂上,教师指着用红蓝两色标线的解剖图谱,讲述神经、血管的走行分布,白求恩自己认为已经获得了深刻印象。可是,只有当他走进实验室,亲自做过剥离之后,他才喊出:"啊,原来它竟是这样的呀!"也只有当他在手术中亲自触摸过这些血管神经,并且了解到伤员的具体情况之后,他才会提出具体的合理的手术方案。由此白求恩想到广灵伏击战和"模范医院"的建设,对于他不也是游击战争的实践吗?

白求恩没有满足于已经取得的成绩,在路上,他和游胜华副部长议论着,怎样把松岩口模范医院的经验和杨家庄这个新的模范医院的特点结合起来,把军区卫生建设再向前推进一步。

当白求恩一行来到杨家庄村口时,一番新的景象又使他大为惊叹:街上,满是来来往往的行人。老的、少的,男的、女的,有的扛着风箱,有的抬着大锅,有的人赶着驮着柴火和粮食的毛驴,急急忙忙向河西走去。再仔细看,人群里还夹杂着医院的医生、护士,连轻伤员都出来了,他们也是肩挑手提,忙个不停。

"莫非敌人要来了,群众要转移?"白求恩纳闷地想,"可是人们为什么又都高高兴兴的呢？再说，从359旅离开时，根本没有听说这方面的消息呀！"

"这是怎么回事？"白求恩问游副部长。

游副部长摇摇头说："搞不清楚。"

眼尖的翻译在人群里发现了医院的政委，便大声吆喝："政委同志！"

政委脸上挂着汗珠，一见白求恩和游副部长，一边敬礼一边说："你们回来啦？"

白求恩和游副部长没顾上寒暄，一齐发问："群众为什么转移？"

政委望着人群，笑嘻嘻地说："是搬家呢！群众看咱们伤员住的分散，就和咱们商量要把伤员集中到河东去，把河东的人家搬到河西。考虑这事会给老乡们带来不少麻烦，我们说啥也不同意。谁知群众却自己动手了。"

游副部长感动地说："群众这样支援我们，我们只有多做工作才能报答他们。"

有了一定汉语水平的白求恩，听着游副部长和政委的一问一答，看着眼前匆忙来去的群众，白求恩全身觉得热乎乎的。他把马缰绳交给身旁的警卫员，和游副部长一起，加入了这个忙碌的搬迁行列。

当天夜里，他迫不及待地写信向他的一位老朋友报告他兴奋的心情：

> 在连绵起伏的深山里，群众自己动手办起了另一所"模范医院"，而且做了符合实际的更新。这使我兴奋得都不知该怎样向你转达我的心情。毛泽东同志是那样信赖人民群众，人民群众也非常拥护八路军。我现在更加相信，最后的胜利一定属于中国人民。

第二天，起床号刚刚响过，他把一份修改后的"特种外科医院"组织方案交给了游副部长。他对游副部长说："群众向我们证明了一个重要的问题，我们医院的组织方法必须加以改善，否则，我们就落在他们的后边了。"

按照白求恩的意见，医院要和当地的干部共同成立一个联合领导机构，共同负责医院的各方面工作，解决各项重大问题，定期检查医院工作情况，把医院工作同地方工作紧密结合在一起。

这是一项重大的组织改革。游副部长十分认真地听白求恩讲解这个方案的细节。白求恩强调这个新方案的意义："没有群众参加医院管理工作，将是一项重大的损失。群众参加医院管理，这就是告诉群众：八路军是人民群众的武装，是人民群众自己的军队。因此，他们会更加爱护和乐于帮助这支军队。现在群众已经走到我们前面了，我们应当赶快跟上去。"

游副部长拿着一支铅笔在手里摆弄着，仔细地推敲白求恩的建议。等白求恩说完，游副部长接着说："我想补充一点，就是让医生、护士、伤员也都参加到这个领导机构里来，这样，我们就可以经常听到他们的批评建议！"

白求恩对这个补充连连叫好："对，对，我完全同意你的补充意见。没有伤员、医生和护士，医院是不能存在的。忽视了他们，便不能得到及时的批评帮助。正如毛主席说过的那样，我们要常常检讨工作，改进工作。假如不这样，就是不懂辩证法，就不是真正的共产党人。"

他从烟盒里抽出一支烟，迅速地点着，继续说："在写这个方案时，我想到这样一个问题。我们的工作不仅要看到今天，还要看到明天。我们让群众参加医院管理，还可以培养干部，将来胜利了，我们可以把他们派往广大农村、城市，我们可以凭借这些宝贵的人才，建立我们自己的医疗卫生队伍。"

游副部长会意地向他笑着说："好啊，白求恩同志，我们是要想得远一些，想得宽一些，想到全局，想到胜利后的工作。"

"是啊，在中国，抗日战争和人民革命的胜利是肯定无疑的。可是在我的家乡，在我青年时代工作过的西方，却……"

白求恩缓缓地站了起来，走到挂在墙上的一张世界地图前，出神地端详着，陷入了深沉的回忆。

"怎么了？"游副部长问。

白求恩把视线从地图上移开，感慨地说："说真的，我从内心里羡慕你们在毛泽东主席的领导下进行工作。当我一边学习他的著作一边起草这个方案时，我想起了另一个医疗改革计划。"

"是那个群众享受免费医疗的方案吗？"

"嗯。当时我太幼稚了……"

回忆那件事是痛苦的。当年，他毫无顾忌地向资本主义社会的那个金钱万能的信条宣战,在蒙特利尔提出了社会医疗化的方案,号召把医疗的权利还给人民。可是结果呢?在一片嘲笑声中,他的方案被否定了,而且招来了旷日持久的攻击。一个金钱万能的社会里,人民的权利、人民的生命有谁会去关心呢?

白求恩从回忆中抬起头来,苦笑着说:"开始,我还不懂得社会制度和医疗工作是怎样不可分割地联系在一起,后来我参加了工人们的斗争,才发现那些想法,不过是建立在沙滩上的楼阁而已!"

游副部长一边看着那张地图,一边意味深长地说:"是啊,离开武装斗争夺取政权的道路,对旧的社会制度的任何改革,都是不可能实现的。不过,总有那么一天,一切权利都要回到人民的手里。医疗也不会例外。"

白求恩爽朗地笑了起来,说:"我完全相信会有这一天。我追求了几十年的群众免费医疗制度,在科学技术发达的西方为什么实现不了?而为什么在这样一个偏僻的山村里却看到了它的轮廓?原因就在于社会制度的不同。毛泽东主席领导的抗日战争、人民革命,为医疗事业的改革开辟了广阔的道路。离开了这种革命,只想对社会做些修修补补的工作,即使不是欺骗群众,也是愚弄自己!"

……

军区领导很快批准了白求恩提出的医院管理新方案,卫生部提议学习红军士兵委员会的经验,把这个群众参加的领导机构命名为"院务委员会",并建议白求恩再起草一个章程,使这个机构正规化、制度化。白求恩一口答应下来。

1938年12月20日,这是白求恩在以后经常提起的一天。这天晚上,杨家庄后方医院"院务委员会"召开了第一次会议。

吃过晚饭,人们互相招呼着赶来了。老村长和医院年轻的政治委员,肩靠肩,边走边说地来了;村武委会主任和医院院长前脚后脚相随着来了;村妇救会主任拿着军鞋,医院护士长挎着一捆绷带说笑着来了……

望着这些意气风发的同志,白求恩的眼前出现了无数动人心弦的场面:渥太华反对输送钢铁给日本的游行队伍;马德里前线搬运弹药的妇女;来延安路上那些赶马车的人;松岩口那些帮助建立模范医院的群众。从西方到东方,哪里的人民在法西斯的侵略面前不奋起战斗?哪里的人民没有和敌人决一死战的气概?可是,为什么一些地方的斗争浪潮很快低落下去了?而为什么这里的斗争越来越澎湃汹涌?他想起了人们常说的一句话:"我们有共产党,我们有毛主席!"是啊!这里的人民,这里的斗争,同中国共产党、同毛泽东同志的名字是多么紧密地联系在一起啊!虽然毛泽东主席没有到过这里,可是党的路线使人民的革命热情永不衰败,永远燃烧着炽烈的火焰。

代表们到齐了。游副部长站起来,宣布会议开始。第一项是通过"院务委员会"的组成人选。医院的代表和村子里的代表都是事先在群众中酝酿好的,政委和村长一宣布,会场上立刻响起一片热烈掌声。然后是白求恩讲话。

白求恩理了理军帽,又整了整上衣,这个习惯动作说明他的心情非常激动：

"同志们，过去关于医院工作我讲得多，今后，大家都来出主意吧。毛泽东主席说要相信群众，依靠群众，这是千真万确的真理。我亲眼看到了中国人民的斗争精神和创造能力，这是我们胜利的保证。我钦佩毛泽东主席，我钦佩伟大的中国人民。我相信，由同志们参加医院管理，在两条战线上斗争：一条战线上的敌人是法西斯，另一条战线上的敌人是法西斯制造的创伤，我们一定能打垮这两个方面的敌人。"

游副部长主持大家讨论了白求恩起草的医院章程。委员们逐字逐句地议论着。白求恩耐心地解答大家的提问。他再一次为同志们认真负责的精神所感动，他看到了一个真正属于人民群众的医院已经诞生，它和人民群众有着千丝万缕的联系，它是建立在人民群众心上的医院。病房的用具是群众供给的，伤员的铺草是群众到山上割来的，看护伤员，洗涤绷带，站岗放哨，无一不由群众和军队共同完成。虽然它还简陋，但它在人民群众的支持下，会逐步完善起来。虽然它刚刚诞生，但有着无比充沛的生命力。有了人民群众的支持，还有什么困难能阻挡我们前进呢！

会议就要结束了，白求恩拉了翻译一把，说："起个头，咱们唱个歌吧。"

在这皓月当空的深夜，山村里响起了嘹亮的歌声：

> 我们生长在这里，
> 每一寸土地都是我们自己的。

无论谁要强占去,

我们就和他拼到底!

……

这首由中国著名作曲家贺绿汀于1937年所作的《游击队之歌》。1938年初,在八路军总司令部召开的一次高级将领会议的晚会上首演以后,由于节奏活跃,富于变化,曲调轻快、流畅,充满旺盛的活力,深受抗日军民的喜爱,迅速流传长城内外、大江南北,激励了全国军民捍卫国土,痛击日寇的斗志。

在此时唱起这首歌,更加意义非凡,他们都是发自肺腑唱出来的,歌声响彻杨家庄宁静的夜空。

群众是我们的血库

院务委员会的建立,不但为医院带来了一片蓬勃的新气象,也丰富了杨家庄人民热火朝天的战斗生活。正是隆冬季节,杨家庄哪里还有"冬闲"的样子?赶着牲口上山的吆喝声,广场上练兵的喊杀声,此起彼伏;积肥的、采石的,到处是忙碌的身影。

部队的同志按着院务委员会的安排,帮助群众生产、练兵、学习和看病治疗。军队和人民互相支援、互相鼓舞,使杨家庄的抗日运动出现了新的局面。在打败日本侵略者,建立新政权的共同信念下,人民群众彻底动员起来。部队的卫生工作同群众运动紧密结合,使军队和人民融为一体了。

看到这种场面,白求恩不由得阵阵兴奋。边区军民的革命热情深深地感动着他。他深知,这种饱满的热情,来自党对人民的动员和人民对党的信赖。在院务委员会成立后不久,白求恩向董翻译提出了一个考虑很久的要求:

"以后请你每天给我讲一讲关于边区的政治、经济、军事及群众工作的情况,好不好?特别是毛主席的著作、讲话,一定要及时地传达给我,毛泽东主席和中国共产党领导中国革命的丰富经验,我太需要了。"

翻译坚定地回答:"我一定做好!"

和白求恩朝夕相处的翻译同志,对于白求恩是很熟悉的。他知道白求恩对于物质生活毫不在意,但是,对于革命真理的追求,却永远不满足。白求恩除了经常阅读那本《马克思主义手册》外,还经常阅读由他译述的毛主席的《论持久战》《抗日游击战争的战略问题》等著作。

白求恩每次会见领导同志时,总要仔细地询问世界形势和中国抗日战争的形势及其发展前途。他身边只有一份军区机关报《抗敌三日刊》,由于战斗频繁,部队经常转移等原因,常常不能按时收到。因此,凡是前线或军区来了人,他都要抽出时间去和他们谈谈。

白求恩每到一地,都要深入群众进行社会调查。他的身边经常有来访者,可是这些来访者在离开他的时候,往往都成了被访问者。他的笔记本上记满了关于边区的政治、经济、文化教育、群众工作的情况,甚至于医院驻地的历史他也要问个明白。周围的同志经常说他不仅是个医生,而且是个"记者"。他总是一本正经地对人们说:"我虽然是个医生,可是,我不能做一个不知道政治的手术匠啊!"一边说着,一边还晃着手里的笔记本,"其实,哪有一个医生能够离开政治呢?"想到这些,年轻的翻译决心尽力满足白求恩提出的要求。

白求恩担心他不了解自己的心情,补充说:"在加拿大的时候,我只是从书籍和报纸上认识了你们这个伟大的国家。等我到了边区之后,特别是参加了一段工作之后,我才知道,现实生活中的中国人民比我想象的要伟大得多,我对中国人民了解得太少了,希望你帮助我补上这一课。"

翻译想白求恩这么想了解中国的各种情况,这是天大的好事,自己能帮助就应该尽量帮助,这对于白求恩有利,更对中国的抗战有利,而且对于他自己来说,也是学习知识、增长知识的过程。所以,从那时起,他们每天都要抽出一定的时间,学习时事,学习毛主席的著作。

在一个落雪的深夜,他们刚刚读完晋察冀军区新近出版的《抗敌三日刊》,忽然,外面传来了急促的敲门声。警卫员小何一跃而起,冲出去开门。随着一股寒风袭来,一位医生气喘吁吁地站在面前。

"白大夫,一名才送来的伤员股动脉出血了。"

"啊!"白求恩和翻译都惊叫起来,他们知道,这个部位出血,几分钟就可能导致死亡。他们拔腿向手术室跑去。

手术室里,那个伤员面色苍白,气息奄奄,鲜血继续从伤口溢出。刚来杨家庄不久的叶青山部长正在那里组织抢救。

白求恩迅速为伤员做了初步止血，又迅速检查了伤员的全身情况：伤员的脉搏细弱，血压已经听不到了，这说明如果不进行离断手术，伤员必然因为失血而死亡。如果立即进行手术呢？伤员严重贫血，血色素只有4克，经不住这样大的手术。血，成了挽救这个伤员生命的关键！

"准备输血！"白求恩简短地指示说。

经测定，伤员是B型血。

几个已经挽起袖子的医生、护士，失望地把胳膊放下了。叶部长拨开大家，走上前说："输我的吧，我是B型血。"

可白求恩说："你不是刚献了血吗？还是我来输吧！"

白求恩思考伤员要立刻进行手术，不容分说地挽起了袖子，躺在伤员旁边一张床上，说："我是O型血，万能输血者！"

叶青山部长劝说白求恩："你年纪大了，工作十分劳累，身体又不好，你不能输啊，我们要对你的健康负责！"

白求恩笑了笑，说道："前方的战士为国家、为民族能够献出自己的生命，我们在后方工作的同志拿出一点点血，有什么不可以的呢！"

为同志输血，在我们这支革命队伍里本来就是常有的事情。可是，当人们看着血液从白求恩这样一位老同志身上流到那个年轻的战士身上时，人们心里禁不住一阵阵热浪冲击，人们屏住呼吸，谁也没有说什么，只是默默地注视着三通注射器针栓的移动……

白求恩是我军战伤输血的先驱,白求恩在晋察冀边区工作的日子里,先后为八路军伤员献血三次。

手术室外,挤满了闻讯赶来的群众。他们看到这情景,一双双眼睛湿润了。

血,在中国人的心中是神圣的,也是神秘的。人们珍视自己的血液,看到白求恩的举动,不但破除了血的神秘性,也对他这位外国医生充满了敬意。

血,在人们的心目中,是一个崇高、庄严的名称。血是和生命相伴随的。血是生命,生命是血。今天,白求恩把自己的鲜血输给八路军战士,是在把生命献给中国人民的解放事业啊!

血,在人们的心目中,又是忠诚、纯洁的象征。今天,白求恩把自己的鲜血献给了八路军的战士,这又是何等纯洁无私的国际主义情谊!

躺在手术台上的白求恩,此时却十分坦然。对于他,献出几百毫升鲜血,又有什么值得提起呢?如果需要,就是献出生命,他也会在所不惜。等医生放下针管,他立即坐起来,走到伤员身旁。他用手按着伤员细弱的脉搏,眼睛注视着伤员的脸色:

时间一分一秒地过去了,伤员的脸上泛起了微微红晕,血压计的水银柱渐渐上升……

这是多么令人鼓舞的迹象啊!它告诉人们,无产阶级国际主义战士的鲜血,流遍了八路军战士的全身,使他重新获得了生命。

白求恩转身系上了围裙,命令说:"手术。"

叶部长又拦住他,坚持要他休息。医生们也诚恳地表示,他们一定能完成手术任务。白求恩笑了起来，他耸耸肩膀反问大家："你们能想象一个同志在自己战友生命垂危时刻转身走开吗？我们的部长献血后不是还在坚持工作吗？还有医生、翻译，他们在献血后不都曾经继续工作过十几个小时吗？"

他还是留下了，做完了手术。伤员得救了，手术室内外响起了轻松的谈话声。白求恩随着抬担架的战士走出手术室，挤在门口的人们把亮晶晶的眼睛一下子转向白求恩。

人群里，一位六十开外的老汉再也忍不住了。他走上前去，一把抓住白求恩的胳膊，颤抖着声音说：

"白大夫，我全看见了，你把心都交给我们了。我有句心里话得跟你说说：我老了，想上前线，咱们八路军说不行。可我还有一身子血肉，不能白白地活着。这以后，要血，就抽我的；要皮，就从我身上割。往后可别再要你们的啦！"

"对！以后就抽我们的吧！"

"抽我的！"

"算上我一个！"

老人的话音一落，聚集在手术室前的群众中立即响起一片恳切的喊声。

白求恩深情地望着这位老人，望着他背后那些热情的群众。他对他们说些什么好呢？他想称赞他们，可是他不知道该用怎样美好的词句；他想抒发内心的敬意，可又不知该从何谈起。他只好默默地体会这种崇高的感情，用他的整个身心去体会这种崇高的感情所包含的巨大力量。

老汉继续坚持他的要求，非要白求恩当场表态不可。白求恩为难地说：

"谢谢你，老人家的血是不能献的。"

老人立即反问白求恩说："你呢？你不也是年近五十的人吗？为什么你能献血？白大夫，你还不知道我们这些人家吧！我老伴被日本鬼子打死了，儿子被他们抓走了，儿媳跳了井，我身边只剩下一个小孙子。没有八路军，我们爷儿俩也剩不下啊！白大夫，你就答应我吧！"

老人朴实真挚的话语，说出了边区人民在心底蕴藏已久的深情。白求恩猛地拉住老人的手，又一下子抱住了老人的肩头，感慨万千地说："老人家，我能理解你的感情，我完全理解！"

在边区的日子里，白求恩何止一次遇到过这样激动人心的场面。在日记里，他曾经写过这样一段话：

> 还说什么不懂感情的中国人！在这里我找到了最富于人性的同志们。他们遭遇过残酷，可是懂得什么是仁慈；他们尝受过苦痛，可是知道怎么笑；他们受过无穷苦难，可是依旧保持着他们的耐性、乐观精神和静谧的智慧。我已经爱上了他们；我知道他们也爱我。

白求恩给伤员输血的消息，很快传开了。一连几天，杨家庄的群众，后方医院的医生护士，纷纷涌到院务委员会来要求献血，连伤员们也相互搀扶着来了，把一间不大的办公室挤得水泄不通。

院务委员会决定召开一次专门会议,来研究一个统筹解决的办法。

这天主持院务委员会会议的是老村长。人们刚坐下,他就提出了一个建议:"咱们得想个长远的办法。要输血的伤员这么多,光从同志们身上抽行吗?连咱们白大夫都献了血,这怎么行?打以后咱们排排队,下一次抽我的,往后……"他指了一下参加会议的村武委会主任和妇救会主任们,"抽他们的,再往后抽骨干分子的。"

这个建议使大家很受启发。最近平绥战场上下来的伤员需要输血的比较多,如果事先化验好血型,需要时就可以随时取用。经过一番讨论,大家接受了老村长的建议,决定先把医院的工作人员组织起来,然后再考虑群众的献血问题。并认为应当动员一下,讲清输血的科学原理。

老村长不以为然:"还要动员吗?大伙听说白求恩同志献了血,早就憋着劲儿啦!"

白求恩不同意老村长的说法:"没有那么大的影响,还是要向群众讲清原理。其实输血并不神秘,土里没有种子,长不出小米;身上没有血液,生命就会有危险。伤员的身体失去大量的血液,只有补给他们才能维持生命。从一个健康人身上抽点血,不会对身体造成伤害。因为健康人的造血机能完善,很快自己就会补上。我们用自己的血救活一个战士,胜于消灭十个敌人。"

讨论结果——院务委员会决定先由老村长向群众作一次动员,然后自愿报名参加。人民战争中的另一个创举——"志愿输血队",就这样在一个偏僻的山村里产生了。

动员大会还没有召开，报名献血的人就行动起来了。开会那天，老村长刚说了开会的目的，几个小伙子就跳上台，伸出胳膊要求验血；那些稳健的老人也沉不住气了，一个个直朝台上挤；那些医务人员则利用他们工作的便利，把已经验好血型的人员名单当众宣布了。就这样，动员大会开成了成立大会，"志愿输血队"当场成立了。这个输血队有医院的全体工作人员，自然也包括白求恩；还有杨家庄的绝大多数男女青年。那些老年人经过大家举手表决，"被迫"当了候补队员。人们为"输血队员"的光荣称号而自豪。他们把红布黑字的血型标志别在胸前，有的还带着布条特意到要好的亲戚邻居家去串门。望着这喜气洋洋的人群，白求恩低头看了一眼自己胸前飘动的红布条，也得意地笑了。是啊，为伟大的抗日战争献血，谁能不感到自豪呢！

　　血源的问题彻底解决了。这是在反法西斯战场上的第一个"志愿输血队"。在西班牙，白求恩曾经第一个把血液送到前线，但是，那时输血要经过许多艰难曲折——昂贵的储血设备，现代化的运输工具，敌人的炮火封锁……

　　从1667年人类第一次输血开始，多少人在探索科学的输血方法，可是，整整经历了将近三个世纪，人们才在反对法西斯侵略的中国人民的抗日战场上，看到了这项工作的光明前景。

　　白求恩感慨地说："人民群众是我们的血库，这在外科医学史上是一个伟大的创举。在西班牙，我们没有想到这个办法。毛主席说发动群众，依靠群众，什么困难都可以克服，这是多么伟大的思想啊！我钦佩中国人民的觉悟水平，也钦佩中国共产党和八路军的组织动员工作。"

在实践中摔打锻炼

1938年12月8日,白求恩给聂司令员写信报告了广灵伏击战中伤员伤情分析之后,他提出了这样一个观点:

"我们医疗队,此次紧跟在部队后面进行急救医疗工作所获得的成绩,充分表明这种工作方法的正确性。"

"……一个革命医生坐在家里等着病人来叩门的时代已经过去了,医生应该跑到病人那里去,而且愈早愈好。每个旅都应该有一个像我们这样的、归自己调动的流动医疗队,它是前方部队和后方医院之间的桥梁。"

为了把这个新的经验加以推广,接着,他建议:"最好把各部队团以下的卫生工作人员和医生集中到后方来,开一个速成训练班。"

白求恩的建议得到军区领导的赞同。随着医院院务委员会的建立,各项工作的就绪,办速成班的事就提到日程上来了。这个速成班被命名为"特种外科实习周"。

"特种外科"这个名称,按白求恩的想法,是指游击战争中火线救护时一些特定的战伤的诊断治疗。为了便于培养医务工作干部,军区后方医院一所集中收容这种属于特种外科的伤员,一所也就改称为"特种外科医院"。后来,院务委员会成立,依靠群众来建设和管理医院,把医院建立在群众之中,这就又赋予"特种外科医院"以新的含义,"特种外科医院"的名字也就越叫越响了。

"实习周"原准备抽调团以下医疗单位的卫生工作人员来参加,后来扩大到也吸收一部分各分区、各旅卫生部门的主要领导干部。359旅派来参加"实习周"的是卫生部政委兼医务处主任潘世征同志,他就是一个多月前,白求恩对其"表示愤怒"的那个人。

那是11月20日的事。那天,白求恩在病房检查伤员时,发现一名上肢负伤的伤员由于伤口处理不当,没有及时上夹板,右臂已经变形,一块犬牙状的长骨露在外面,骨端断口发黑,伤口散发着糜烂的恶臭气味。

白求恩十分生气地质问:"这是谁干的事?"

问了一声,没人回答;又问了第二声,潘世征上前回答说是他干的。

"是你?"白求恩既惊奇又恼火。一个旅的医务处主任干出这种事来,显然不是一个技术问题。白求恩严厉地批评说:"你为什么不给他上夹板?你知道你面前躺着的是什么人?这是经过二万五千里长征的战士,是我们革命队伍中的精锐,是我们亲爱的同志。你的这种行为是不能容忍的!"

站在一旁的旅卫生部的顾部长想解释一下,潘世征制止了他,诚恳地做了自我批评。伤员的右臂在不得已的情况下被锯掉了。直到晚上,白求恩还在生气,说:"我要报告旅长,假使一个连长丢了一挺机关枪,不用说是要挨批评的。枪可以从敌人手里缴获,可是失掉了一个战士的臂膀,这种损失是无法弥补的!"

这件事使白求恩对潘世征产生了一个坏印象。白求恩认为他是一个不懂装懂、不负责任的干部,速成班是不能接收这样的干部来学习的。因此,在 1939 年 1 月 3 日,速成班开始的这天中午,白求恩一见来报到的学员里有潘世征,便惊奇地说了一句:"你?你怎么也来啦?"没容得潘世征说话,白求恩就毫不客气地说:"请你回去告诉旅长同志,我认为他派你来参加速成班是个错误,我不能接收你这样的学生。"

潘世征没想到白求恩还记着之前的老"账",所以他想不通:"为什么不接收我呢?是因为我的技术不好吗?不会,白求恩对于技术不好的同志从来都是热情帮助的。是因为自己的工作能力不好吗?也不会。这些年来,自己因为爱护伤员还立过功,评过模范。白大夫把革命事业放在第一位,把伤员看得比自己还重,他不会不欢迎我的。"

白求恩还就是不欢迎他。这天晚饭后,参加速成班的同志被召集到院务委员会开动员会。潘世征跟在大家后边,最后一个走进会场,听白求恩做动员。

动员会由老村长主持。他讲了几句开场白以后,白求恩站起来动员说:

"这次速成班采取一种新的学习方法。速成班分为卫生员、护士、军医三组,三个组的同志每天轮换。对于你们,特别是领导干部们,为什么要采取这样的方法呢?这是因为我们人民军队的性质,和历史上剥削阶级的任何军队都不同。在剥削阶级的军队里，对一个军医要求的只是技术。但是，对于我们这支军队来说，会打枪的人是不是就可以当之无愧地称为八路军的战士呢？不一定。同样，一个掌握了技术的人也不一定称得起八路军的军医，我们的军医还得具备一个重要条件，成为马克思说过的那种人民的公仆。所以，要请你们做卫生员的工作，学会照料我们的伤员。

"实行这种训练办法还在于许多同志都是领导干部，请你们抬担架、洗器械，给伤员喂饭、换药，是为了使你们知道你的下级每天都做些什么，只有知道他们做些什么，你才有资格指导他们怎么做。"

动员一结束，学员们被编成了三个大组。白求恩果然没有算潘世征的数。不过还好，一位同志因病请假了，在大家建议下，潘世征顶替参加了卫生员组。因为灯光暗，人又杂，白求恩当晚也没发现。

紧张的实习开始了，潘世征负责四号病房。他一会儿给伤员打针服药，一会儿清整病房，伤员们怎么也想不到，这个热情勤快的卫生员会是359旅卫生部政委兼医务处主任。

中午，白求恩带着医生组的同志们来检查病房，看到这个整洁舒适的环境，听着伤员们的一致称赞，他很满意。恰巧，潘世征提着便盆进来了，白求恩一见，奇怪地问："你没回去？"

在一旁的叶青山部长忙解释说："我要他留下来试试。"

白求恩点点头，又问："这病房是你管的？"

潘世征答道："是我。有什么不好的吗？"

白求恩满意地说:"很好!"

下午,白求恩又特地到潘世征负责的病房去了一趟。潘世征正帮助一个伤员练习功能恢复。伤员拖着僵硬的腿,伏在潘世征的肩头,艰难地行走。虽然是严冬,两个人的头上都冒着热气,看到这些,白求恩拉了翻译一把,转身走了。

晚间,全体学员集合,听白求恩讲颅脑手术。白求恩把病变定位、手术步骤、注意事项,一一讲完后,又把一张局部解剖图挂在黑板上,让大家临摹下来。在学员们画图的时候,他特意来到潘世征身旁。潘世征的笔记详细记下了讲课内容,清晰地画出了复杂的标图。看着这份笔记,白求恩不由得暗暗说了个"好"字。

第二天,各组学员轮换了,潘世征参加了医生组的实习,跟着白求恩来到手术室。手术台上躺着一位兵工厂的同志,他在进行试验时把手炸伤了,需要做切除。白求恩给他消过毒,指着他的手问大家:"这个伤员的切除位置应当确定在哪里?"

一位同志认为应当从贴近手掌的关节部位切开,因为他的五个指头都已经负了伤。

白求恩没有表态,转身回视大家。有人表示同意这位同志的意见。白求恩看了潘世征一眼,潘世征正在专心思考,没有发言。白求恩喊道:"潘世征,请你回答。"

潘世征抬起头来,果断地说:"我不同意这样的切除法。如果这样,伤员的一只手等于废了。他的食指上有两节还没炸坏,我认为应当保留下来,将来也许有用。"

白求恩认真地听着潘世征的分析,待他说完,立刻肯定说:"这个方案非常好。我们不但应当想到伤员的今天，还要想到伤员的明天，将来装上假指，伤员留下的两个指节就可以发挥很大的作用。这个手术由潘世征向大家示范，我当助手。"

这是潘世征没想到的。他镇静了片刻，接过手术刀，在十几双眼睛注视下开始了手术。不要看潘世征满手老茧，做起手术来，他的动作就像姑娘绣花一样，灵巧极了，连那些过去与他一起工作的同志，也都以新奇的目光看着他。

白求恩越发疑惑了。这样一个热爱伤员、精通技术的同志，怎么会犯那种错误呢？他不是一个粗心大意的人，也不是一个不懂装懂的人。可是两个月前的那件事是他亲眼看到的呀！难道这两个月里他进步这样大？

"不是，这两个月里他是有进步，但是他过去就是一位非常优秀的卫生干部。"董翻译看出白求恩的疑问，在从手术室返回时，向白求恩做了一番详细的介绍，特别讲述了那次事故的真相："那个伤员并不是潘世征处理的，你见到他的时候，伤员刚从前线抬下来。"

"他为什么不申辩呢？如果讲清了，我不会对他那么不客气的。"

"他认为你的批评并不是针对他一个人的，而是对整个旅的卫生工作。他是医务处主任，是卫生部的政委，自然应当负起责任来。你没见王旅长也很重视你的批评吗？他为什么要陪你一夜，看你手术呢？就是想多听听你的意见，借你的批评，对全旅卫生工作进行一番整顿。卫生部领导也有这个想法，事后，潘世征追查了这件事,对团里的卫生工作提出了改进意见,他自己又到旅长那里做了深刻检讨。"

白求恩又感动又后悔,不知说什么好。

翻译接着说:"你还不了解他,讲起他的经历,你大概很难相信那是他的过去。"

潘世征一家祖孙几代人都是当长工的。在旧社会里,穷人家的孩子还不如地主家的一条狗,为了抵债,他8岁那年就到地主家干活。按说正是上学的时候,可他得一天到晚光着脚在外边跑。夏天身子晒脱了皮,冬天脚上冻起了疮,就这样还得挨打挨饿。13岁那年,他实在忍不住了,把放牛鞭子一扔,从地主家偷偷地跑到山里参加了红军。先是当勤务员,首长们每天教他认几个字,慢慢能写自己的名字了,党组织又把他送到后方医院当卫生员。在那里,和那些同他年龄相仿的孩子们一起学文化。这以后,他逐渐学会些技术,当上了军医。他有革命热情,又肯吃苦。当医生时,为了背拉丁文单字,油灯烧了他的头发他都不知道。有一次,他为一个多发性脑外伤的伤员做手术没有成功,难过得一夜没有睡好。第二天,他冒着生命危险穿过敌人的封锁线,去向一位老医生请教,回来以后,二话没说又上了手术台,终于为这个伤员做好了手术。他那点技术全是在工作中跟着老同志这样一点一滴地学会的……

自从来到八路军以后,白求恩时常听到人们把八路军部队比做学校,把人民战争比做学校。今天,潘世征的成长再次向他证明,事实确实是这样。在八路军里,有多少像潘世征这样的同志啊！在他们当中，潘世征并不一定是最典型的。但他们的经历却向人们证明：八路军的干部就是这样在革命斗争的实践中摔打锻炼出来的！

听完翻译对潘世征事迹的讲述，白求恩想了很久很久。他恨不得把自己的技术一下子全教给同志们，对潘世征更是充满了感情。

他手把手地教潘世征做手术，耐心地帮助他整理手术图谱，一遍又一遍地给他讲解那些高、难、深的理论……

实习周结束的头一天晚上，潘世征又被白求恩请去了。白求恩交给他一封信，是写给王震旅长的。大意：过去，我对中国缺乏了解，特别是对共产党领导下的八路军的事迹，我知道得太少了。通过潘世征这件事，我受到了深刻的教育，使我进一步了解到中国共产党领导下的八路军的伟大……

第二天，朝霞为银装素裹的群山又染上了层层绯红。学员们迎着初升的太阳，奔向了前方各个战场。望着他们，白求恩看到人民战争中培养起来的一代新人正在茁壮成长。此时，他的心头回响着一个伟大的声音："从战争学习战争——这是我们的主要方法。"

对同志对人民极端的热忱

中国共产党建立的冀中抗日根据地严重威胁着敌人平、津、保三大据点，是日寇"以华制华"的最大障碍。为此，日寇于1938年冬天，以三万兵力对冀中抗日根据地发起历史上规模最大的"扫荡"。

就在冀中军民的抗日斗争处于异常艰苦的时刻，奉党中央命令，贺龙师长和关向应政委率120师一部赶来参加反"扫荡"。为配合120师作战，加强冀中部队的医疗救治工作，奉聂荣臻司令员命令，组成由白求恩、游胜华、林金亮、王云生、董越千、刘文芳、何自新、赵冲、冯志华等人参加的"东征医疗队"。1939年2月15日，白求恩率医疗队从唐县花塔村出发，穿过日寇严密封锁的平汉铁路，直奔冀中。在肃宁东湾里村冀中军区司令部，医疗队受到贺龙师长、吕正操司令员和冀中军民的热烈欢迎。

为适应平原作战特点，白求恩将医疗队分成两个小队，一队随冀中部队行动，另一队由他率领随120师行动。根据"各自为战"的需求，在白求恩指导下，还举办了两期卫生骨干流动训练班，并在各部队建立了13个包扎所。

白求恩同志毫无自私自利之心，他对同志对人民极端热忱。他把八路军和中国的老百姓都看成比亲人还亲的人，认真细心地为他们治病，主动热心地关心和帮忙他们。他所帮助过的人，从受助者本人到受助者家人，没有一个不感激他、佩服他。

1939年4月下旬，齐会战斗开始了。根据白求恩的意见，医疗队在离前线很近的屯庄一座关帝庙里布置了一个临时手术室。

伤员一个接一个送来了，忙于做手术的白求恩，整整一天没有休息。枪声离手术室越来越近，天快亮时，一颗炮弹在小庙附近爆炸，爆炸声震耳欲聋，一股黑烟涌进手术室。白求恩仍然全神贯注地进行手术，护士不时为白求恩擦着头上的汗水。

这时，又一发炮弹在手术室外面爆炸了，小庙的一角被炸塌了，白求恩仍然镇静地进行着手术。

一个伤员被抬上了手术台。由于伤势严重，伤员已经昏迷。白求恩小心地撕开伤员的衣服，认真地检查伤者的受伤情况，他看到：伤员的腹部有开放性的外伤，一段沾满泥土的肠子袒露在外边，出血太多，生命垂危。

白求恩认真、仔细地用盐水将伤员肠子上的污垢洗净，然后进行手术。白求恩发现伤员肠子上有10处穿孔，失血过多。伤势这么严重，伤员仍然坚强、乐观地活下来，白求恩十分吃惊。从护送伤员的卫生员那里，白求恩了解到这位伤员是716团一营三连连长徐志杰。在激烈的战斗中，徐连长中弹负伤，他咬着牙忍痛指挥战斗。在冲击中，他的肠子流出肚外，他用手把肠子塞到肚子里，一手捂着肚子，一手拿枪射击，在与敌人白刃格斗中，他与敌人厮打在一起，顾不上捂肚子……

白求恩为徐连长的英勇拼搏精神而感动，他说："为这样的战士服务是最大的快乐和光荣。"白求恩用羊肠线把10处穿孔和裂隙一个一个缝好，直到天快黑才把徐连长抬下手术台。一个医生走到手术台前，要求换下白求恩，白求恩意外地同意了。但是，过了一会儿，警卫员小何到处找也找不到白求恩。原来，白求恩到病房里去看徐连长了。

小何跑到病房里，只见白求恩一动不动地抓着徐连长的手，见小何来了，连忙说："你像我这样抓住他，他正处在麻醉清醒前的烦躁状态，不注意会摔到地上的。你替我一会儿，我就来！"

小何以为白求恩去吃饭了，半个小时以后，白大夫提着一个用几根木头做成的床挡回来了，招呼小何说，把这床挡给他放上，这样就不会摔下来了。小何着急地问："你没去吃饭？"白求恩笑着说："这是咱八路军的英雄，他的生命安全难道不比我吃饭重要吗？"

天很晚了，白求恩还没有吃饭，而且他的注意力全在伤员身上，根本没有去吃饭的意思。小何非常着急，他想着一定要把白求恩大夫弄到伙房。

经过一番周折，小何总算把白求恩弄到伙房来了。炊事员一见，赶紧打开蒸在锅里的饭盒。饭盒里最上一层是白求恩最爱吃的炒土豆片，下一层是特意做的饺子。白求恩看了看，朝炊事员跷起拇指，一连说了几声谢谢。他太累也太饿了，如风卷残云一般地吃光了饭盒里的饭。

一抹嘴，白求恩又要回手术室，他惦记着给伤员做手术，警卫员不干了，一把拉住他。

"还不休息？"

白求恩摊开双手说："敌人不让呢，天黑了，我们又该总攻了。"

老炊事员也过来劝他："白大夫，仗要打，觉也要睡嘛。爱护身体也是对革命负责任。"

白求恩朝炊事员笑了笑说："一个医生、一个护士的责任是什么？就是要帮助他们恢复健康，恢复力量。你必须把他们当作是自己的父兄，说实在的，他们比你的父兄还要亲些，因为他们是你的同志。我希望你们在一切工作中，能把伤病员放在我的前面,这才是我最大的快乐。"

说完,白求恩转身又去了手术室。老炊事员和警卫员只好相叹一声,无可奈何。

白求恩的判断不错,这天晚上确实还有一次大的攻击。这时敌人已经被压到齐会村东南方向的找子营村,八百鬼子,也只剩下五百多一点了。找子营在屯庄正南,距离和齐会差不多,也是七八里地的样子。晚上6点半钟总攻开始不久,伤员就被送下来了。

又是一夜。战斗没有终止,手术还在进行,伤员陆续被抬进来,经过手术,又陆续被抬出去,然后又有新的伤员被抬进来。

刚刚黎明,一发炮弹飞来,正好落在小庙前的空场上。原来观察阵地的那个土坎被炸飞了,霎时间,黑烟滚滚,弹片纷飞。这时,卫生部曾部长从外边一个箭步跨进来,看准了一个手术间隙,对白求恩说:

"师长再三考虑后让我通知你,请你和一部分伤员离开这里。"

"后撤吗?"

"是的,你和一部分伤员先撤下去。"曾部长特别强调了伤员撤下去。

白求恩严肃地说:"我同意撤走部分伤员,至于我个人,请告诉师长,我不能接受这个命令。"

曾部长一把拉住他,恳求似的说:"同志,这儿危险,这是战斗形势的需要呀!"

白求恩严肃的表情上又带上了几分激动:"是的。可是,战士们没有离开他们的阵地。手术台是医生的阵地,我为什么要离开？部长同志，请你转告贺师长，要把我当作一名八路军战士，而不是你们的客人。如果考虑到战斗形势，我相信，贺师长和你都会说：坚持就是胜利。"

说完，白求恩低下头继续进行手术。

又一个伤员被抬上了手术台，白求恩环视了一下手术室里的人们，同志们镇静地看着他，他如同往常一样地指示：

"来，麻醉。"

曾部长一步跨到手术台旁，从一个医生手里接过麻醉面罩，按在伤员的面部……

又一发炮弹落在手术室周围，放在盘子里的器械被震得跳了起来，发出一连串的撞击声。紧接着轰隆一声，庙的一角塌下了一堆瓦片。挂在小庙门口遮挡尘土的门帘——那块从120师剧社借来的幕布被打着了，火苗向手术台扑来。

曾部长指挥着："把幕布扯下来，扑灭火焰。"

人们一阵忙碌，火熄灭了。

曾部长命令："把手术后的伤员迅速转移。"

担架队立刻抬起伤员，向后面跑去。

手术台上，白求恩仍然镇静地进行操作。这炮声，这火焰，这一个个匆忙而过的身影，好像都不存在。他的手在一个伤员的腹腔里摸索着，一会儿，他放心地笑了，随手取出了一块弹片，轻轻地扔在盘子里。

整整三天，齐会战斗胜利结束了。吉田这个骄横的家伙，和他的八百多部下一起被八路军歼灭了。这次战斗中，白求恩连续工作了69个小时，为伤员动了115例手术，占他们到冀中半年多的时间里全部手术的三分之一。

齐会战斗的胜利，严重地打击了日寇变冀中为侵略基地的狂妄野心，大长了冀中人民抗击日本侵略者的革命志气，为巩固和发展冀中抗日根据地进一步创造了有利的条件。硝烟未散，汗尘未落，120师和冀中部队的指战员们，遵照毛主席关于"红军的打仗，不是单纯地为了打仗而打仗，而是为了宣传群众、组织群众、武装群众，并帮助群众建设革命政权才去打仗"的教导，深入到冀中平原的广大农村展开抗日的宣传和组织工作。

白求恩率东征医疗队在冀中随部队转战四个月，先后参加了吕汉、大团丁、齐会、宋家庄等战斗的战地救治，并经常冒着生命危险出没于敌后农村家庭病房进行诊治，行程超过750公里，施行大手术315次。

在这过程中，为适应这种特殊斗争环境的医疗救治工作需要，白求恩做了许多探索和革新。例如，他发明了一种取名叫"毕普"的药膏，给伤员涂上后，即使在频繁转移中较长时间内得不到手术和换药的机会，也能较好地控制感染，避免伤口恶化。他还因陋就简，利用老百姓常用的荆条编的小提筐，改制成一种换药篮子，便于伪装和携带，非常适宜敌后巡诊使用。他受老百姓运粪的驴驮子的启示，发明了一种称之为"外科手术室"的形似驴驮子的医药器械箱，解决了巡回医疗和战地救护中药品器械不容易运输和保管的问题。边区军民形象地把它叫作"卢沟桥"。

在这段时间里，医疗队除救治伤员外，还经常深入群众进行宣传工作，有时还参加助民劳动。语言还不很通、农活不全会的白求恩，在这新形势下又该做些什么呢？

语言不通，他沿着街巷在画抗日宣传画。早在青年时代，白求恩就是一个业余美术爱好者。后来，因为繁忙的社会活动和紧张的医疗工作，他没有再拿起画笔。当他亲自参加中国人民如火如荼的抗日战争时，他重新拿起了画笔。在延安的街壁上，他画下了进入中国后的第一幅宣传画；在冀西"模范医院"的时候，他又握着画笔布置过"救亡室"；来到冀中，他和同志们一起，拿着画笔，提着装满白灰、红粉、锅灰的铁桶，串街走巷，画下一幅幅生动的抗日漫画。他画得非常认真，在他看来，每一幅画都同前线上的战斗、手术室里的手术具有同样的意义。

当然，他最常做的还是医疗工作。他经常背着药箱，出入于群众家。凡是群众病了，用不着请，只要他知道，他一定会登门送医。

中国有"医不叩门"说法，事实上从古到今，一般情况下，医者是不能送医上门的。这有责任方面问题，也有医者与患者的心理意识方面问题。但白求恩一切从实际出发，从需要出发，从来不讲究那些繁文缛节，他的目的是治病救人，登门送医的办法值得学习。

麦收前夕，在医疗队驻地附近的一个村头的大树下，坐着一位生病的老乡。巡诊路过这里的白求恩见他那病痛神情，不由得放慢了脚步，走上前去。看到这位老乡吊着胳膊，在肘关节的地方长着一个又红又大的脓肿。不由分说，拉起他就走。偏偏这位老乡不认识白求恩，见一个外国人拉他，纳闷地挣扎着，不肯去。就在这时候，翻译赶来了。一解释，这位老乡才知道，这就是人们常常提起的白大夫。老乡觉得不好意思了："这么点病，找个人看看就行了，怎么好麻烦白大夫呢。"白求恩却坚持不让，一边拉着他的手，一边说："走吧，为了你的病，也是为了抗日！"

白求恩为这位老乡做了手术，临走时，还告诉他："请你转告老乡们，今后有病就来找我好了。"

过了几天，白求恩又找上门给这位老乡换药。在白求恩的精心治疗下，老乡的脓肿很快好了。为了表示感谢，这位老乡给白求恩送来了鸡蛋、大枣。白求恩连连摆手："不要感谢我，我是八路军的医生，你应该感谢八路军才对！"

"我是八路军的医生，你应该感谢八路军才对！"白求恩这朴实无华的一句话，使人民看到了八路军中的外国同志，也看到了外国同志心目中的八路军。八路军不愧是人民的军队！

冀中人民记得住白求恩这句话，更忘不了他那一个个感人的举动。在辽阔的平原上，只要你留心听听，就会发现到处有人议论他。

这是一个傍晚，为了庆祝齐会战斗的胜利和欢迎新战士入伍，120师剧社要在屯庄给群众演戏。戏台还没搭好，人们就互相招呼着来了。有的人帮着搭戏台，搭不上手的人就仨一堆，俩一伙地议论开了。

戏台左边的几位老大爷议论得正起劲：

"唉，老伙计，听说晚上要演徐连长的戏呢！"

"可是应该。那小伙子伤得那么重,还捂着肚子往上冲,连白大夫都直夸他是好样的。"

"听说徐连长快要好利落了。那天白大夫去看他,他拉着白大夫的手直淌泪,说多亏白大夫救了他。还说要多杀鬼子报答白大夫。"

"可是应该。"又有一位老汉接茬说:"白大夫待他是一百个好。徐连长住俺家那阵子,俺亲眼看着他和小警卫员给徐连长送好吃的,还一口一口地喂他呢!"

"那当然,白大夫能不疼咱八路军吗?那天开动员大会,你没听白大夫说吗,没人能和咱们八路军比!"

在戏台右边的是几个老太太和一些姑娘媳妇:

"她二婶,怎不给咱们白大夫编出戏唱唱呢?瞧人家那么大年纪,漂洋过海来帮咱们打鬼子,跟一家人一样,可是不容易呀!"

"可真是的。真是应该给他编出戏。"

"白大夫比一家人还亲哪!俺那二小子腿上长了个疮,俺一家人都没拿着当回事。可你说神不神,白大夫也不知怎么就知道了,找到俺家,非开刀不行。他爹怕花费,白大夫就说:'我是八路军的医生,看病不要钱。'俺说让他慢慢地好吧,白大夫就说:'不行呀!那得耽误生产,病好了多打粮食,支援前线,这不也是抗日吗!'瞧瞧,俺这当爹娘的还不如人家白大夫疼孩子!"

"不光是你们家,咱这一带,谁家有个病呀灾的,白大夫只要知道,咱们还没上心,人家白大夫就把药送来啦!瞧着吧,今晚非给咱白大夫演一出不可。"

"那说外国话咱们听不懂可怎么办呢?"

"唉!你真是。演戏还说外国话呀?"

"噢……就是。"

人们正在议论,不知谁说了一声:"你们快瞧,那边来的是不是白大夫?"

人们立刻停止了议论,一齐把目光向村中心的路上望去。来人果然是白求恩,不过没等他走过来,一群孩子便把他包围了。看着白求恩和孩子们的亲热劲,一位大娘扯扯翻译的衣角问:

"同志,白大夫的孩子都大了吧?"

这位翻译是郎林同志,原是冀中军区后方医院的工作人员。白求恩来冀中以后,前任翻译董越千同志另有调任,就由他接手担任白求恩同志的翻译。他听了大娘的问话,立即严肃地摆了摆手。

大娘惊异地问:"怎啦?"

他压低声音说:"他没有孩子。"

"啧,我可真不该问。"大娘懊悔地咂了咂嘴。

白求恩看到了他们不自然的表情,凑过来问:"什么?"

郎翻译笑了笑说:"没什么,回头我告诉你。"

白求恩看他不说,便向周围的群众告别,急忙向村外走去了。

"白求恩要去哪里?"

"他要去尹庄。"这村里有一对夫妇,男的叫尹创,女的叫刘典。这对青年夫妇的孩子今年三岁了,长得聪明伶俐。别说尹创夫妻,就是邻居们看着也没有不欢喜的。可是,今年春天,孩子头上忽然生了个疮,又流脓又淌水,没几天,孩子瘦得眼窝都陷下去了。这可把尹创夫妇俩急坏了。这时候尹创的岳父家捎信来说，他们屯庄住下了八路军医疗队，有一位叫白求恩的八路军大夫，医术高明，手到病除。接到岳父家的口信，尹创便叫爱人刘典抱着孩子回娘家。刚到屯庄村口，正好遇上了白求恩，白求恩看了看孩子头上的疮，啥也没说，抱过孩子就向村里走去。那时候，刘典还不认得白求恩。见一个外国人抱走了自己的孩子，急得大声喊叫起来。村里的人闻声跑来，一问情由都乐了。大家告诉她那外国人就是有名的白大夫。一听是白求恩，刘典顿时浮起笑容，忙说："我就是要找白大夫给孩子治病的呀！"

在医疗队的院子里，孩子安安稳稳地坐在一张椅子上，白求恩仔细地为孩子动了手术。然后亲昵地抱起孩子，高高地举过头，问孩子几岁，会不会叫"爸爸妈妈"。刘典感激地接过孩子，高兴得连道谢都忘了。

过了两天，该给孩子换药了，偏偏那天下大雨。夫妇俩正在犯愁的时候，从门外走进两个人来，前边那人是白求恩，后面跟着的是翻译。他们是冒雨为孩子换药来了。

打从那天起，尹创天天找村政府要求参加八路军："人家白大夫是个外国人还诚心实意帮咱打鬼子，咱为啥不去？"他的妻子也说："让他去吧，家里的事有俺哩！"

组织上批准了尹创参军的要求。今天是尹创参军出发的日子，也是他的孩子最后一次换药的日子。

在去尹庄的路上，白求恩又问起了郎林刚才没有回答的问题。郎林挠挠头说：

"那个大娘问你的孩子。"

白求恩感兴趣地问:"你没有告诉她吗?"

"告诉了,我说你没有孩子。"

白求恩又问:"你为什么不翻译给我呢?"

郎林不吭声了。

白求恩摇了摇头,坦然地说:"我知道,你怕我不愉快。可是,我不悲观。我从事的事业是千百万人的事业,我们的事业不会缺乏继承者!"

郎林理解了,又像不理解:"可你自己……"

"自己?"白求恩侧过头来看着他,继续说:"什么自己呀?你指的是个人和家庭吗?如果这样,我就应该留在加拿大陪着母亲,你也应该和你的亲属们在一起。可是事实上,你和我,还有多少人都没有这样做,因为我们是共产党员。这个称号应当标志着这样的内容——我们的一切都服从于党的事业。"

郎林被这坦荡无私的胸怀感动了,连连点头。

白求恩搂住他的肩膀说:"你注意过没有?我是很喜欢孩子的。我常想,等这些孩子长大以后,我们理想中的人民共和国已经建立了。那时候,我们将看到在山区埋藏的资源,由他们的双手去开发;像冀中这样肥沃辽阔的平原,他们会把她变得更富饶。想想这些孩子将要完成我们憧憬已久的事业,个人的不愉快又算什么呢?"

这天晚上,白求恩回到屯庄的时候,庆祝齐会战斗胜利和欢送青年参军入伍的大会快要结束了。报幕员向大家报了最后一个节目。

帷幕徐徐拉开，舞台上展现出人们熟悉的场面：

——一个外国医生帮助八路军在深山里修建医院；

——这个外国医生来到广灵前线，在战火中抢救伤员；

——这个外国医生热心为群众看病，为群众的孩子看病。

不用翻译，白求恩完全看懂了，舞台上的那个外国医生就是他自己呀！他腼腆得像个孩子，把头低了下来。

戏演完了，看戏的战士和群众使劲地朝台上那个"白求恩"鼓掌。

尽管白求恩很难为情地缩在人群里，但人们还是发现了他。有人喊了一声："白大夫在这里呢！"上千双眼睛霎时间转了过来。掌声更加热烈了，白求恩的脸更红了。舞台上的"白求恩"来到了他的面前，热情地拉着他向台上走去……

他好容易摆脱了窘迫感，定了定神，来到舞台中间。突然，一个意味深长的念头在他的脑海闪过："用中国话做一次演讲。"他摆了摆手，人们很快安静下来。他用不连贯的汉语讲道：

"同志们，谢谢你们的称赞，这本来是很不值得的。我是八路军的医生，这些工作都是我应该做的。不过，我很骄傲我能为中国人民的解放事业尽一分力量。全世界的被压迫人民都在注视着你们的事业，我荣幸地来到了你们中间……"

当他开始讲话的时候，人们都愣住了；当他讲完以后，台上台下又响起了一阵热烈的掌声。

不过，在白求恩眼里，演戏和演讲都不是最精彩的。最精彩的场面是在他讲话以后，在一片热烈的锣鼓声中，人们把大红花戴在几十名青年的胸前，其中就有尹创。他们光荣地参加了八路军，我们的队伍又壮大了！

白求恩热烈地鼓掌，对着尹创，他把双手举过头顶……

白求恩精心地为八路军伤员医治，而且主动热情地为老百姓治病，他的医术精湛，他的态度和蔼，他为群众治病的事迹经过百姓的传扬，感动了无数人。

有一次，白求恩在一个村子里检查八路军伤员的病情，在街上看见一个男孩子是个豁嘴。白求恩跟翻译商量说："你看这孩子浓眉大眼，挺漂亮，可惜嘴上有个豁口，给他做个整形手术吧！"

翻译笑着说："动刀子的事，要跟他父母商量一下才好。"

白求恩走到那个男孩面前，亲切地问道："你的家在哪儿？能够领我们到你家去吗？"

孩子看白求恩黄发碧眼，人高马大，起初很好奇，白求恩俯下身正准备摸他的头，孩子撒开腿就跑了。

白求恩跟着孩子来到了他家。孩子的母亲看到一个洋人来了，有点莫名其妙。听说要给孩子做整形手术，她不明白什么是整形，什么是手术。翻译向她解释以后，她才疑惑地问道："孩子的豁口是从胎里带来的，能治好吗？"翻译告诉她，白求恩医术很高明，没问题的。男孩的母亲听了以后，高兴地说："早就听说八路军里有一个洋大夫，是个活菩萨，要是能把孩子的豁嘴治好，那敢情好。"

手术很简单，进行得很顺利，不几天就拆线了。孩子的父母又高兴又感激，给白求恩送去一篮子红枣和柿子。白求恩也很高兴，但说什么也不收他们的礼物。他说："我是八路军的医生，给孩子治病是应该的，要感谢就感谢八路军吧！"

反抗法西斯是我们共同的任务

"我来中国，不仅是为了你们……"

白求恩终于作出决定：回加拿大和美国去！

这是他酝酿已久的计划。他要回西方去，并非是因为他思念那久违两年的咖啡、嫩烤牛排、苹果派和冰激凌等这些鲜美无比的食物，也不是因为他缺乏音乐、舞蹈、电影、书籍之类的精神享受，当然更不是渴望躺在软绵绵的洁净的床上。如他自己在信中写道："过去的生活曾经引诱过我，但是为了我的理想，那些日子就让它一去不复返吧！"

他这个酝酿已久的计划，动机倒也简单：八路军迫切需要援助，可却得不到需要的援助！正因为如此，他一再电告美国援华组织，并向中国红十字会告急：这里连麻醉药也没有了，有15个伤员是在无麻的情况下进行的手术；缺乏防腐剂和敷料，之后才在保定搞到一些；冀中地区药剂供应困难，通过教会在平、津买药已不可能；橡皮膏用完了，没有弹性绷带和胶布可用了……

多少次的告急都没有结果，他不禁愤慨地质问道："然而为什么啊？为什么我们没有从中外得到更多的帮助啊？你想想吧！

20万军队,经常有2500名伤员住在医院里,在过去的一年中经过1000次以上的战斗,却只有50个未受过训练的医生和一个外国医生来做这一切工作!"

八路军为什么得不到外界的援助?有两件事是有代表性的。

一天,白求恩接到军区通知说,一批由国际朋友募集援助的医疗器械和药品已经运到。白求恩和卫生部的几个同志高高兴兴地赶去领取,打开箱子一看,他们由欢喜变为失望,进而由失望变为愤怒了。箱子里哪还有器械、药品?一个个箱子里,都塞满了石块、烂纸。原来在通过蒋管区时,器械、药品全被国民党反动派劫取了。

另一件事是霍尔女士的教堂被日寇烧掉了。这位新西兰传教士凯瑟琳·霍尔(注:中文名叫何明清)是上帝的忠实仆人,可白求恩巧妙地说服了她,使她相信帮助八路军惩处日本侵略者就是对人类的慈爱,是上帝本来的旨意。在白求恩的劝导下,霍尔女士以自己特殊身份出没于敌人占领下的京、津、保,仅在1938年冬天,就为我军购买了15000元的药品、医用器材,还帮助两个北京协和医院的护士进入根据地,参加了八路军,其中一名后来成为伟大的国际主义战士柯棣华的妻子——郭庆兰。这事被日寇知道了,他们没有抓到霍尔女士本人,便把她在河北省曲阳县的教堂烧掉了。

这就是八路军得不到外界援助的原因——日寇的封锁加国民党反动派的破坏!被日寇三面包围的晋察冀本来就够困难了,国民党还要从后面来一刀。

白求恩怎么能不气愤！八路军战斗在最前线，可有时候却连最起码的麻醉药和胶布都没有！他不能坐视战士们在没有麻醉的情况下进行手术，他不能坐视骨折伤员在长途转移中连块固定折骨的胶布也用不上。战士的痛苦啮食着他的心，他不能无动于衷。

起初，他想到的办法是亲自去买药，这能救急。他和霍尔女士曾商量利用他们的外籍身份化装到北京、天津去。北京和天津，那是龙潭虎穴哪！为了八路军，为了这些可爱的战士们，龙潭虎穴也得闯进去。他知道这行动的危险性，也知道领导同志一定不会批准他的行动计划，因此他一直对同志们保密。可是，机灵的翻译还是看出了苗头，他知道自己说服不了白求恩，便悄悄地把这件事报告了军区。就在白求恩起程要到平、津那天，聂司令员发来急电：因急务，请白求恩同志立即返回平山县蛟潭庄。

蛟潭庄是军区司令部所在地。接到这个电报，白求恩又增添了新的忧虑：在这里的工作尚未结束，为什么催我回去？莫非是军区或者中央领导同志受了伤？

不管怎么说，去买药的计划得暂且搁浅了。他心急如火地赶到蛟潭庄时，才知道等待他的是一个大喜讯——晋察冀边区党代表大会召开了，大会邀请他列席！

当边区党的负责人贺龙、聂荣臻、彭真同志将这邀请郑重通知他时，他高兴得不知说什么才好。好大一会儿，他才想到应该汇报一下他在前线看到的情况：

"我走了几个分区，看到那里士气旺盛、群众情绪高昂，胜利一定属于毛泽东同志领导下的中国人民，属于英勇的八路军。"

作为一个加拿大共产党员，被邀请参加中国共产党一个边区的党代表大会，白求恩认为这是极大的荣誉。特别是在战争年代，又是在前线参加这样的会议，就更加表明了这是中国共产党对他莫大的信任。他当即要求军区领导同志代他发一封电报，告诉加拿大共产党和美国共产党，他们的代表在中国抗日前线参加了中国共产党晋察冀边区代表大会。

这确实是一个莫大的荣誉，但白求恩是当之无愧的，他到中国后的所有表现都表明，他有资格参加这个会议，完全有资格作为党代表参加边区的党代表大会。

大会邀请白求恩讲话。他深为感动。在向大会汇报了加美援华医疗队的工作后，他极为诚恳地说：

"……我必须重复，你们的战争是正义的，你们并不孤立，世界人民支持你们。反抗法西斯是我们共同的任务，我来中国，不仅是为了你们，也是为了我们。今天我们支援你们，将来你们胜利了，同样会支援我们。我决心和中国同志并肩战斗，直到抗战最后胜利。一天不把日本法西斯赶出中国，我们一天不离开！"

他刚刚走下讲台，聂荣臻同志请他去谈话。聂司令员告诉他，知道了他那个化装买药的计划。司令员既热情肯定了他的积极性，又指出他不该瞒着军区和卫生部的领导去"冒险"。不管困难到什么地步，总不能让他这样的一个同志去做这样的事。

他不服气，辩解说："这是我们的共同事业，我应当尽力而为。"

聂司令员最后也没有同意。

没办法，白求恩必须执行命令。买药的计划只好收起来。但问题没有解决，药品依然缺乏，人员还是不足。怎么办呢？像过去一样办模范医院？这只能解决制度方面的问题；或是继续办类似"东征医疗队"这样的组织？也不行，这还是不能解决根本问题。强烈的责任感驱使他向新的高度进军，他那种要求自己的工作"日日新、月月新、年年新"的劲头，永不满足于以往成绩的品格，越是在困难的时候显示得越充分。到了8月，他就提出了一个新的计划：

此地（晋察冀边区）有设立一所完善的医校的必要。

一年前，他不是提出过这件事吗？当时，因为师资、教材的不足，他自己也没再坚持下去。现在形势变化了：我们军队壮大了，我们的卫生队伍也壮大了，唯一的是资金缺乏。为此，他提出了一个书面建议：

在河北省，现有很多医科专门学校毕业生参加医疗工作，这些人可作为医校的中坚人才，借此可提高医疗教育的水准。可是没有书，没有讲解解剖学的人体模型，没有组织学和病理学用的切片，没有细菌学仪器；纵然有些医师做教员，问题依然不能解决。学校建立起来，其所有设备需要2000美元的经费，以后维持办校每月至少也需3000美元。这样才能保持有学生200名、工作人员100名，与每人每月费用10元。另外，为便利教学起见，以其余数目不多的1000美元，建立一所100个床位的小规模的医院。关于此点我很知道边区经济困难，应该努力向国外募捐些钱来，因此我已决定暂离此地到延安转赴美国，设法能每月有 1000 美金，为这个医学校之用。除了我亲自出去募款，再没有其他的合适的人或好的方法。因为我在边区工作 15 个月之久，了解实际情况。

他的建议正当其时。军区和卫生部的领导都看到了这个形势，并且在 7 月中旬开始抽调干部了。至于费用，白求恩回国募捐也是一条来路。更何况当时英美正在酝酿以牺牲中国为条件换取与日本帝国主义妥协的阴谋。白求恩的回国有助于向英、美人民说明真相。军区领导批准了他的计划。

白求恩立即开始着手做回国前的准备工作。

不可再得的高贵的礼物

他要准备的不是个人的行装，那是很次要的，他有更重大的事情要做。第一件事便是完成他的新著《游击战中师野战医院的组织和技术》。书稿已经写好，要和郎林一起把这本书译成中文。

这是他在晋察冀边区一年多一点的时间里写下的第二十几部著作了。在此之前，他先后开办过模范医院、特种外科实习周，举办过专题讲座、巡回讲座，进行过理论与实践结合的现场实地演示。为了配合这些教学活动，他编著了《战地救护须知》《战伤治疗技术》《初步疗伤》《战地外科组织治疗方法草案》《消毒十三步》等医疗卫生教材，培养了相当一批能独立工作的医务工作干部。但是，白求恩并不以此为满足，他认为，只是把自己过去的经验毫无保留地拿出来还不够，还要根据斗争的实际总结新的经验，并把这些经验推广到部队和边区卫生工作人员中去。在边区党代会召开前夕，白求恩已经积累了相当多的材料，可是怎样编写呢？他心中还缺少底数。

参加边区党代会为他创造了条件。党代会上，他听边区负责同志传达了党中央、毛主席的重要指示，对于国内外形势的发展和党的方针政策有了明确的认识；他听了各部队、地区代表的发言，了解了他们的希望和要求；他和卫生部门的代表们进行了详细的讨论，明确了部队卫生建设中亟待解决的问题；更重要的是，他不但参加过山区游击战，而且还在冀中平原工作过四个月，取得了不同地区游击战争的经验。因此，从冀中到冀西山区的当天，白求恩便拟定了编写的纲目和书名《游击战中师野战医院的组织和技术》。

热衷于著书，并不是为了个人得利扬名。他出版的著作都是油印本，有时连名字都不署，当时更没有稿费一说。他热衷于这件事也并不是因为他有这种擅长与爱好。不错，他当过几个月的新闻记者，也当过教师，而且在晋察冀边区写过一些小说、散文、通讯、诗歌等，晋察冀文艺界发起编写"晋察冀一日"活动时，他也曾踊跃投稿，寄去了他的小说《沃土上的野草》，但那都不是出于兴趣，用他自己的话说："是为了宣传。"至于为什么要编写《游击战争中师野战医院的组织和技术》这样的著作，他也有着深刻的动机，他说过："我得到一个外国同志和一个技术同情者，该用什么更好的方法从医疗工作上帮助中国的伟大抗战的结论。"

这个结论他是通过比较得出来的。他认为有两个方法：

一个方法是组织一个医疗队独立地做自己所能做的工作，另一个方法就是培养更多的医护人才，即外国医疗队不仅提供技术帮助，而最重要最有价值的任务是帮助培训人才。

他把培训工作的好坏作为衡量医疗队工作的主要指标："如果我们要衡量一个医疗队是否完成了工作的任务，那么就看它是否培养了许多人才。"

出于这样一个动机，他热衷于著书一事便很自然了。因为培训人才首先得有教材。他为培养八路军的医务人员不遗余力、倾囊而授，恨不得学生们一日之间掌握他所教的全部内容。尽管他有时操之过急，但他那火热的心大家是看得清清楚楚。

7月的冀西，气温已经很高了。加上这年夏天雨水大、湿度高，天气异常闷热。在唐县神北村的一间草屋里，他开始了《游击战中师野战医院的组织和技术》的编写。这工作是艰苦的，聂荣臻同志回忆这件事时说：

> 令人不能忘却的一个炎热的暑天，当他最后一次从"前线"施行无数手术之后回到"后方"，不肯稍事休息，他照例又忙于写作；根据敌后游击战争的环境和具体的困难条件，他把在战地实际工作中最可珍贵的经验和他广博丰富的医学造诣融汇在一起，以将近半个月的时间，日日不断狂吸纸烟，不断挥流着热汗，完成了一部著作……

编写工作开始不久，他的右手中指便生了瘭疽，手指肿得像个胡萝卜，十指连心，疼痛难忍，打字是不行了。要争取痊愈，只有切开放脓。他连医生也不惊动，只是让郎林给他在患部切了个十字口。两天后，肿消了，伤口还没愈合，他就又坐到打字机前了。

也许是机体抵抗力低下的缘故吧，刚写了两章，他的脚上又长了一个脓肿，又红又胀，疼得厉害。上了药，也不见好转。一天中午，白求恩叫警卫员小何帮他把桌子抬到室外去。

小何奇怪地问："为什么？"

白求恩指着脚上的脓肿说："我要采取一个新的疗法，用日光消灭这里面的细菌。这样还可以一边晒太阳，一边工作。"

三伏天，骄阳如火。只一会儿，白求恩的脸上、臂上渗出一片片的汗水。他索性脱掉上衣，赤背工作。小何心疼他又不敢打扰他，只好悄悄地用湿毛巾为他擦去背上的汗珠……

连着晒了两天，脚上的脓肿不但没有好转，反而扩大了。脓液浸泡着神经，整个下肢一跳一跳地像针扎似的疼痛。白求恩无可奈何地推开打字机，请来了医生。那医生见状不由得叫了起来："白大夫，你怎么拖成这个样子了！"

白求恩苦笑着说："采取了日光疗法，可还是解决不了问题。"

医生坚持让白求恩住院休息，白求恩摇摇头说："如果长在手上，那我同意你的意见，可是在脚上长了个脓肿，我怎么好两只手清闲呢？"

医生为难地说："这样拖下去，有危险哪！"

"不会的,请你给我做个手术,把脓放出来就行了。借此我教你一种新的麻醉方法,它可以缩短手术时间。"

说完,白求恩仰卧在床上,举起一只手说:"你现在可以给我滴麻醉药了。看到我的手倒下来时,便迅速切开脓疱,麻醉也马上停止。试试看吧。"

医生按白求恩的方法做了。排了脓,填塞进油纱条,还没等包扎完,白求恩就坐起来,笑嘻嘻地说:"怎么样?这个方法既省药又省时间吧?好,谢谢你,你可以忙去了。"

说完,白求恩一瘸一拐地走到打字机前,"嗒嗒嗒"的打字声又急速地响起来……

还不到半个月的时间,一本译为中文后长达14万字,并附有119幅插图的军事医学专著诞生了。望着那一叠厚厚的文稿,翻一翻那些精细准确的插图,再想想,这一切都是在半个月内完成的,而且是在一个闷热多雨的盛夏,他脚上还长着脓肿。炎热、疼痛折磨着他,他却日复一日,每天写下万余字,每天画出近十幅插图,这种工作精神,谁能不为之深深感动!

这是一本非同寻常的医学技术书籍。它记录了白求恩一年多来的救死扶伤的经历,总结了战士救护的科学方法。它的每一章、每一节、每一页、每一行里,都有鲜血的流动、枪炮的轰鸣;都记载着白求恩不分昼夜、寒来暑往的奔忙,以及殚精竭虑的战斗。正像聂司令员在序言里所评价的:

这是他一生最后的心血结晶,也是他给予我们每一个革命的卫生工作者和每一个指战员、伤员们最后的不可再得的高贵的礼物。

读着这本书,人们感到非常亲切。白求恩所选用的战例,就是他们亲身经历过的那些战斗;书里介绍的方法,都是可以立即运用的。从一个医院的组织方案到一根橡皮管的煮沸晾晒,一招一式,一点一滴白求恩都想到了,写到了,好像站在你的身旁,回答你提出的每一个问题。

读着这本书,人们感到非常新鲜。考虑到中国人民抗日战争的艰苦卓绝,白求恩详细总结了卫生工作中克服困难的经验。例如,木锯可以作离断刀,丝线可以代替羊肠线,木棍、鞋、秫秸可以当夹板用,做麻醉口罩可以用纱布和硬纸板,等等,这些历来无人为其著书立说,那些资产阶级专家甚至嗤之以鼻的土方法,在白求恩的著作里第一次出现了,而且用突出的篇幅加以介绍——全书共分九章,他特意开辟了一章,标题为"怎样制造及应用器材",正是从实践中来,再用来指导实践,切实可行。

更引人注目的是,他将政治、军事与卫生工作融为一体。在书里,他强调卫生部门必须"直属于师、团的领导和总卫生部",一个领导人"不管是否懂得技术",但一定要"懂得军事,特别是政治工作和行政工作"。他提醒大家执行三大纪律八项注意:"可以借用老百姓的门板或木板作担架,但用毕一定退还。"他还意味深长地写道:"记住,把手术中取出的弹片、子弹要交给受伤者本人!"读到这里,人们不由得想起白求恩常说的一句话:"这些从伤员身上取下来的弹片、子弹,是法西斯侵略罪行的铁证。带上它,会激励伤员们重返前线狠狠地打击敌人,也会使他们经常想到:有许多兄弟姐妹正在遭受这些弹片、子弹的威胁!"

"大成功!大成功!"在出版前即见到稿子的同志,一个个向他表示祝贺,他总是谦虚地笑笑,然后把他写的序言给同志们看。他在序言里写道:

战时卫生工作的组织是随着战争的方式来决定的。这个道理特别是在晋察冀军区的游击战中表现了它的正确性。在阵地战中,我们的队伍是正面向着敌人,用兵力严守两翼,并且在后面要控制交通线以伸展到后方——根据地,但是,游击战争就无所谓"前方"或"后方",而经常在敌人的后方和两翼,甚至在敌人的中央进行战斗。

在阵地战中,有可能来设立比较永久的或临时的包扎所和野战医院,并且也容易用妥当的办法把伤员从交通线运到后方医院或休养所——这些机关占据在安全的地带,并且有特别计划建筑的房所。在1914年至1918年大战时的法兰西是这样,并且根据了它的经验写出了许多战时卫生工作的书籍。在目前的游击战争采用了许多新的战斗方式,这些方式在25年以前不常遇到或未曾发明,它主要的变更是队伍的极端移动性,没有固定的或永久的阵地,一切行动是迅速和变化无常的,因此现在的卫生工作的设施，必须符合这些条件。此外，以前的战争对于卫生器材与药品是可以尽人力与财力来改善和充实。但现在我们物资方面的补充是极端困难的，我们必须利用其他物品来代替医疗器材，并且要用简单的器具来完成我们的治疗任务。

最可庆幸的是八路军卫生部有他从红军遗传下来的十年宝贵的经验。所以，有的地方在其他部队看来是新奇的和特殊的，可是在他们看来不过是俗旧的和见惯的。但他们目前仍然存在许多组织上及技术上不可避免的困难问题，就是八路军也不能例外，写这本书是希望能供给一些应付和克服这些问题的建议。

这本书是根据我在八路军卫生工作里18个月的实际经验写出来的，有时走到所谓"前方"（距敌人约3里至9里），有时在所谓"后方"（距敌人约30里至90里）。这本书是根据实际的工作来写的，不是理论的；是在以下的工作经验里得来的：1938年的春季在陕西东北和山西东部的山里；1938年夏季至冬季在山西东北和冀西的山里；1939年春季和夏季在冀中区的平原。

这本书是希望提高卫生工作的内外科技术水平，因为卫生工作人员正在向千百个困难作挣扎——粗劣的器具，困难的经济，技术人员的缺乏，工作在污秽不堪的村庄里，缺乏适当的卫生常识，所谓的"医院"也不过是污秽不堪的土房子、石房子或破屋。在数百里崎岖不平的山道和酷热严寒的气候里用担架抬着伤员。

这本书是贡献给我的卫生工作同志,作为我对他们向这些困难中作斗争的精神的钦佩的表示。这本书不是什么条文法典,它只是一些工作的参考材料和改善的指针罢了。

更将这本书献赠给贺龙将军,吕司令及冀中区、120师和其他为和平解放而奋斗的英勇善战的八路军。

他让同志们看这个序言是有原因的。在同志们对他大加赞扬的时候,他把自己的成功归结于两点:实际工作为他提供了创造经验的机会;红军的优良传统又启发他找到了克服困难的方法。

他自己很谦虚,但八路军、新四军卫生界以至全军对他的《游击战中师野战医院的组织和技术》都给予很高的评价,因为它的及时出版为部队卫生工作提供了具体操作实用技术。直到1942年,聂司令员还经常提到他的这本书。在那年12月晋察冀军区召开的卫生工作会议上,聂司令员号召大家认真学习和研究白求恩的这部遗著。聂司令员说:

1939年他到冀中,经历了一次大扫荡,得到了怎样打仗、怎样流动、怎样救护、怎样搬动医院的经验,回来就在和家庄写了一本《游击战中师野战医院的组织和技术》,把红十字汽车换成骡子,做好架子,把司机变成马夫。这种改变就是把高度的科学知识运用到边区的具体环境，是很科学的。正因为他有科学的基础，才会想到在这样的环境下怎样做到科学化。今天汽车在边区之不科学，正如骡子在美国之不科学一样。可是他的遗著，我们是否很好地研究过呢？我们口里时常叫科学化，可是在现在的环境怎样才叫作科学化呢？许多同志认为这是小问题，不值得注意，其实这正是具体的科学问题。我们读过苏联红军的参谋工作，觉得它与白求恩的著作有很多相似的地方。譬如一个皮包多么大，带几支红蓝铅笔，需要什么小刀，几张纸都具体规定出来。同样的，白求恩也把一个医生要带好多少碘酒、棉花等（一般人认为是零零碎碎的问题），都具体周密地规定出来了。从这里我们可以看到科学家每件事都经过脑子想过，不是随随便便，他直到死还念念不忘。

聂司令员尊称白求恩和另外一些同志为边区科学家。他着重指出：

不要以为边区科学家这个称号对他们是侮辱，要知道，别的科学家的办法在边区未必能用。为了伟大的民族解放战争，在今天自力更生的困难条件下，能够解决问题，这就是边区科学家可贵的地方。

他为什么这么不顾一切地拼命工作呢？白求恩有自己的长远

考虑。他在给朋友的一封信中是这样说的："……加美医疗队在去年一年曾做过750多例手术，但他们一旦移动（离开），八路军医务人员所不能解决的问题仍然存在……所以我以为最好的方法，是外国医疗队不仅直接运用技术工作，而最重要最有价值的任务是帮助训练人才。这样，纵然离开，他们自己也能负担起来。"这就是白求恩的良苦用心，也是一直以来他心中所想的事情，白求恩的工作得到认可，不仅仅在于他的医术精湛、忘我工作，更在于他有一个长远的打算，那是切切实实为中国共产党的抗战考虑的。

创办晋察冀军区卫生学校

1939年9月18日，晋察冀军区卫生学校在河北省唐县牛眼沟村正式成立。白求恩十分高兴地参加了开学典礼，并发表了充满激情的讲话。

白求恩一贯非常关心八路军的卫生人员培训工作，不是一时心血来潮，他这种关心是发自内心的，而且他做了很多实际工作来提高八路军卫生人员的整体卫生水平。1938年抵达晋察冀军区后，他了解到边区医务人员不但数量少，而且技术水平低，远远不能适应抗日战争的需要，为此十分忧虑。因此，在忙于医疗工作的同时，他很重视整合资源，并致力于建立卫生学校，将其作为对在职医务人员进行示范教育的重要基地。白求恩还积极编写教材，制订培训计划。从1938年8月13日白求恩写给聂司令员的信中可以看出，他甚至曾愿意出任卫生学校校长一职。他在信中写道：

> 如果不涉及把我的活动仅限于本医院（注：指后方医院），我愿意接受校长的职务。

对如何办好卫生学校，白求恩有十分详尽的考虑，在这封信中，他强调指出："关于建立卫生学校的问题，首先必须认识其迫切性，其次应有建校规划。……它需要：1.称职的教员；2.明确的教学计划；3.教科书；4.实习的医院或病房。"

1939年，在东征冀中参战过程中，白求恩仍然念念不忘创建卫生学校的事情。6月20日，他即为卫生学校拟定好教育方针和教学计划。6月底，从冀中回到冀西后，他在写给美国援华委员会的工作报告中又指出，医疗过程中遇到的两个最大障碍，其一就是"医生没有训练"，并说他已下定决心把教育本地区的医生和护士，作为外国医疗队的首要任务。

在学校筹备和开办过程中，白求恩以军区卫生部顾问的名义，经常检查工作，同学校负责人交换意见。他与大家详细研究有关学校建设的各种问题，帮助审阅教员们编写的教材，并亲自编写教材，给学生上课、讲演，还向学校捐赠了显微镜、小型X光机和从加拿大带来的内外科书籍。

晋察冀军区卫生学校从筹建到正式成立及后来顺利开展教学，其中浸透了白求恩大量心血和汗水。

第六章　魂驻太行

我们都是革命同志

编完《游击战中师野战医院的组织和技术》，他又着手第二件事——组织一个"巡视团"，详细了解各军分区医疗单位的工作情况和实际困难，并在医疗工作上给以理论解答和技术指导。

9月25日，由叶青山同志带队，有白求恩和卫生部、政治部的同志参加的"巡视团"出发了。这次巡视，行程1250华里，对各分区所属医院、休养所、卫生所，进行了全面检查，并组织了讲课和示范演示。

10月20日，是白求恩原定回国的日子。在结束巡视的前一天下午，白求恩把翻译、警卫员、炊事员、饲养员一起请到他屋里，郑重地对大家说，下午谁也不要工作，统统休息，由他做饭、喂马。他还特别嘱咐他们："记着，晚饭前请你们一定到我这里来。"

"这是怎么回事？"翻译、警卫员、炊事员和饲养员四人猜疑着离开了。

傍晚，四人来到白求恩的屋子时，都不由得愣住了：八仙桌已经搬到屋子中央，桌子上放着一个热气腾腾的瓷盆，盆子里盛着用鸡块、小米、土豆做的米饭。瓷盆旁放着两桶打开的罐头，桌子四周摆着碗、杯和几双筷子。白求恩推门进来，一见他们都到了，高兴地说："好，快坐吧！"

白求恩把大家一一安排到座位上，然后严肃地说："再过几天，我要离开你们暂时回国了。在这将近两年的时间里，你们和我一起生活、一起工作，给了我许多的帮助和教育。每当我感谢你们的时候，你们总是说，我帮助了你们的解放斗争，你们帮助我是应该的。实际上，我必须这样说，我们在一起工作，应该互相帮助。所以，我今天做一顿加拿大饭请你们吃，这算是我对咱们真挚的友谊的表示。"

一听这话，四人更惊讶了，一齐站起来表示推辞。

白求恩疑惑地问道："怎么？难道只许你们照料我，我照料你们一次都不行吗？"

大家解释说："你是我们的国际战友，又是军区卫生顾问，那是我们应当做的。"

他们的推辞和解释简直是惹白求恩生气，他把两手向衣兜里一插，神色严肃地说："不对，国籍和职务不应该成为我们之间的界线，我们都是革命同志。"

这样的话,同志们都不是第一次听到,还有什么好说的呢?盛情难却,坐下吧。他们接过白求恩盛的饭,含着泪花开吃了。嚼着嚼着,四人的心头上又浮起近两年来的那些难忘的经历——

那还是在延安的时候,在座的这位警卫员记得:送白求恩去晋察冀的汽车就要开动了,管理员领来了一个身材高大、精神饱满的战士对白求恩说:"白大夫,给你换一个警卫员吧。"

白求恩问:"为什么?"

管理员说:"原先的警卫员年小体弱,到前线怕照料不了你。"当时,在座的这位警卫员确实长得又矮又小,看着新来的警卫员,再打量打量自己,不由得在心里暗暗嘀咕:"怕是一定要换人了。也好,新来的同志比我强,照料白大夫更合适。"

没料想,白求恩来到新来的警卫员面前,喜爱地端详了一会儿。又拍拍他的肩膀说:"小伙子,很好!可是我不能要你,前线比我更需要你。到前线去吧,用你这一身力气,狠狠地打击那些法西斯!"管理员还在一旁坚持着,白求恩严肃地说:"为了安全,我同意带一个警卫员。但是,我们都是革命同志,为什么要专门靠别人照料我呢?"说完,白求恩亲自替小警卫员拿来背包,又把他扶到车上。打那以后到现在,这位警卫员一直跟随着白求恩在晋察冀的山区、平原转战。在艰苦斗争的岁月里,白求恩在这位小同志身上花费了多少心血啊!行军时,白求恩常常拉着他的手翻山过河;宿营了,白求恩常常半夜起来给他掖好被子。警卫员不会做的事,白求恩手把手地教给他,还常趁工作之余,教他一些医疗知识。白求恩是那样一个严格的人,可是却从来没有批评过警卫员。对警卫员，白求恩像个年老的兄长，和蔼可亲。对了，批评过一次，那是因为这小鬼学抽烟。……转眼两年过去了，小警卫员长大了，长高了，而白求恩却要暂时离开他，回国了……

那还是在松岩口的时候，白求恩和几个同志在炕上给一个伤员作钢针牵引。在座的这位炊事员见大家忙得团团转，就主动赶来帮忙，蹲在炕沿下烧消毒锅。谁知道，一不小心，滚烫的水，把后方医院院长的脚给烫起了一个大水泡。炊事员赶忙和大家一起，把院长送回宿舍。看着院长痛苦的表情，炊事员心里很不好受。这时，白求恩来了，他安慰炊事员说："您主动帮助工作，是应该表扬的。没有小心，下次注意就行了。大家都是革命同志，不要想那么多。"

半夜的时候，白求恩又来看望，见院长没有睡，就关切地问："怎么样？痛得厉害吗？要不要吃点止痛药？"

院长感激地说："不用了。白大夫，您快去休息吧。"

白求恩没作声。炊事员递过一个凳子来，白求恩挨着院长的床头坐下了。过了好大一会儿，白求恩才站起来，给院长倒了一碗水，又把自己的大衣脱下来，盖在院长的身上。

忙完了，又亲切地对炊事员说："你也休息吧。"

白求恩走后，院长还是疼的睡不着，这时候，门又开了，白求恩再次来到院长面前。他手里拿着一包药，说："大概是疼得厉害，还是服点药吧。"白大夫看着院长吃了药，又过了会儿，才放心地走了。院长疼痛减轻了一些，睡着了。

炊事员见有好转，也靠着床边睡着了。不知过了多长时间，朦胧间，炊事员听到轻轻的脚步声，睁眼一看，白求恩又来了。望着白大夫斑白的鬓角，院长和炊事员非常感动。白求恩拍了拍院长的肩膀，又拉了一下炊事员的帽檐，笑着说："我们都是革命同志，应该互相照顾！"

今年夏天在冀西，白求恩发现在座的这位饲养员手上长了几个小脓疱。拉着饲养员的手，白求恩反反复复地看了一阵，心痛地对院里的领导说："这位同志长了疥疮，怎么还让他工作呀？"

领导同志告诉白求恩："因为伤员多，住房挤，工作人员只能睡在铺了麦秸的草地上。因为潮湿，不少人生了疥疮。这么多的人长疥疮，如果都休息会影响工作。"

白求恩点了点头，又拉着饲养员的手，关切地说："疼不疼？"

饲养员说："不疼，就是有点痒。"

白求恩又体贴地说："是啊，到晚上该痒得睡不着觉了。你们工作繁重，再休息不好怎么行呢！"他连夜配制了治疗疥疮的药膏，又拟定了一个突击治疗的方案。

第三天，白求恩请院领导把全院人员集合起来，他逐个检查询问。把所有生疥疮的同志都带到村边一个隐蔽的地方，四周用草帘子围着，中间生了一堆火。大家脱光衣服，洗净身子，上好药膏，烤起火来。白求恩在人群里窜来窜去，一会儿捅捅那个，一会儿拍拍这个，惹得大家哈哈大笑，冷、痛、痒全都被抛到九霄云外了。

白求恩还特意来到这位饲养员身边，帮他洗身子，上药膏。

看着白求恩脚下踩着洗疥疮的脏水，手上、臂上落满刮疥疮掉下来的屑、痂，饲养员难为情地说："白大夫，太脏了，算了吧。"

白求恩一边刮一边说："就是这些脏东西痒得你休息不好呀！"

饲养员很感激他，他依然是那句老话："我们都是革命同志！"

就在这次巡视路上，在座的这位翻译同志不幸被马踢伤了。白求恩立即为他就地治疗。翻译的腿骨已断，疼痛难忍，白求恩一边为他打针止疼，一边又点起一支烟，放在翻译嘴上。翻译从来没抽过烟，便摇头说不会。白求恩又劝又哄地说："抽吧，抽吧，抽烟可以分散注意力，减轻疼痛。"

这正是在敌人据点附近的危险区，翻译要求转移到安全区后再固定包扎，白求恩哪里肯听，硬是就地取出棉花、绷带，为翻译上了夹板。

等转移到安全区，白求恩连饭都没吃，又为他做了整复手术，还特意做了一个匣式夹板，便于行军时固定止疼。就从这天开始，白求恩坚持和翻译住在一起。他和警卫员自然成了特别护士。铺床叠被，端水喂饭，每当夜深人静，白求恩总要一次次起来，问他疼不疼，问他要不要大小便……

望着白求恩慈祥的面容，这个曾在一所帝国主义开办的医院里工作过的年轻人，心情格外激动。他曾经亲眼看到一些外国垄断财团怎样挂着慈善事业的招牌，利用医生的职务，残杀中国人民。有个叫雷曼的帝国主义分子，为试验一种抽风药品的效果，他竟让69个中国人服用,还无耻地拍摄了受害者发作时痛苦挣扎的惨状。

还有个叫斯·莱克的帝国主义分子,想用孩子的肺做试验,竟故意将卡在孩子喉头的一粒花生米捅入肺门,使孩子活生生地窒息而死……如此种种,曾经激起过这位青年人对帝国主义的深仇大恨,对外国人产生了一种厌恶的心理。而白求恩,也是从西方来的医生,也是个外国人,但他和那些帝国主义分子是多么不同呀!因为他是一个共产党员,因为他是我们的同志!

"同志",这是一个多么普通而又为大家熟悉的字眼啊!可就是这两个字,联结起五洲四海的革命者,描绘出人世间最高尚的革命感情。看看在座的这五个人吧,他们国籍不同,年龄不同,职务不同,经历不同,为什么能欢聚一堂,亲密无间,情同手足?就因为他们都是同志啊!

白求恩站起来了,他拿起一罐咖啡对大家说:"这咖啡是我离开祖国时,家乡的亲人送我的。他们说,带上吧,看见它就想起了亲人。现在,我要这样说,我不但想起了家乡的亲人,而且我现在就生活在亲人中间,亲人就是你们!"

白求恩冲好咖啡,给每个人斟满一杯,然后端起自己的杯子,满怀深情地说:"同志们,站起来,让我们碰碰杯吧!我们曾经一起走遍了晋察冀的山区、平原,去过无数村庄,参加一次次的战斗。如果没有你们,我该怎样生活啊!我有幸和你们一起生活了两年,这是我一生中最值得骄傲的。在暂时分手的前夕,我提议,为我们的友谊,为全世界反法西斯人民的友谊,干杯!"

四个中国同志一齐提议："为您的健康，为崇高的国际主义精神，干杯！"

五个革命同志把盛满咖啡的杯子高高举起，一饮而尽。

在最危险的时刻

10月20日，是白求恩预定启程回国的日子。

晋察冀军区为白求恩回国举行的欢送大会开过了，白求恩的行装准备好了，欢送的队伍集合了，眼看着白求恩就要启程了，偏在这时，军区送来了紧急命令：日寇以两万多兵力，配以飞机、大炮、装甲部队，分兵多路，向我晋察冀边区发动了大规模的"冬季扫荡"。军区命令卫生部即刻组织战地医疗队，赶赴涞源北部摩天岭一带抢救伤员。

一听到这个消息，白求恩坚决要求参加这次战斗，等战斗胜利后再回国。军区批准了白求恩的请求。当天夜里，由军区卫生部组成的包括白求恩在内的一支战地医疗队，冒着风雪赶了70里山路，来到了摩天岭前线。按着白求恩"时间就是生命"和"救护工作必靠近火线"的主张，医疗队一下子插进了战斗的中心地带，手术站就设在离火线七八里的孙家庄村边的小庙里。

日寇的这次"扫荡"，真可以说拿出了看家本领。在这次扫荡中担任北线总指挥的是那个被日本侵略军吹捧为"熟稔新战术"的"名将之花"——以残忍、疯狂著称的日寇中将阿部规秀。这个杀人如麻的刽子手，战斗一开始，就亲自督率着他那一伙亡命之徒,向我军阵地猛扑。气焰嚣张的敌人立即同我军短兵相接,一场激烈的白刃搏斗开始了。

随着前线上战斗的激烈进行,战场上留下了一片片敌军尸体。在孙家庄,医疗队那张伤员手术登记表上的数字也在不断递增。

第二天下午,运送伤员的担架突然减少了,医疗队接到紧急命令:立即从孙家庄一带撤出!

战场上的形势发生了急剧变化。北线向我军进攻的三路敌军,被我军分割包围,已经歼灭大半。残余的敌人为重整旗鼓,正在以孙家庄一带为中心再度集结。考虑到医疗队的安全,司令部命令处在敌人集结中心的医疗队立即转移,到涞源东南一带接受新的任务。

手术室外的担架上,躺着几十名等待手术的伤员。经过简短的讨论,决定将轻伤员先行转走,剩下的十几名重伤员就地手术,手术后同医疗队一起转移。

人们立即分头忙碌起来,抬担架的、整行装的、做手术的……紧张气氛笼罩着每个人的心头,笼罩着整个手术室。虽然初冬的寒风夹着雪花不时向他们扑来,人们的额头还是渗出了点点汗珠。

时间紧迫!

手术在迅速进行。一个、两个、三个……突然,在山前观察瞭望的哨兵气喘吁吁地跑来报告:"对面山上发现了大批敌军!"

叶部长抬起头,平静地问:"有多少?"

"几百名。"

看了看门外躺着的伤员,叶部长命令说:"知道了,继续观察!"

"是！"

哨兵出去了，手术台上的医生们，暗暗加快动作。

一个手术还没有做完，哨兵第二次进来报告："敌人正向这里接近！"

叶部长转向白求恩："白大夫……"

白求恩没有回答他，径自问护士："还有多少伤员？"

一个护士报告："10 名。"

白求恩转身走出手术室，跑到门前的山坡上，瞭望敌人奔来的方向：对面山上，黑压压的一片敌人正向这里蠕动。白求恩伸直右臂，竖起拇指，右眼顺着拇指盯着敌人占据的山头；过了一会儿，他又把右眼闭上，左眼睁开，仍然对准敌人占据的山头。观察了片刻，他脸上露出了一丝坦然的神情，迅即返回手术室，告诉叶部长说："我们还有时间手术。刚才我目测过，敌人现在离我们有 10 华里。"

他一边回到自己的手术台，一边建议："做完手术的伤员应该立即撤走。再开两张手术台，同时手术。加快速度，争取最快时间把全部手术做完。"

"全部做完？"同志们的心猛地被揪紧了。还有 10 名伤员，还有 10 华里路，这就是说，敌人每前进一里就必须做完一个手术！而且都是重伤员！情况变得十分危急。

同志们用恳切的目光望着叶部长，叶部长用恳切的目光望着白求恩，急切地喊："白大夫！"

"嗯？"白求恩头也不抬，继续手术。

叶部长的声音突然变得严厉起来："白求恩同志，请你立即停止手术，随同手术后的伤员一同转移！"

白求恩头也不抬，像没听见一样，继续手术。

叶部长又喊了一声："白求恩同志！"

站在白求恩对面的助手立即过来，攥着他的手，恳求地说："白大夫，把手术刀给我！"

白求恩用肩膀把他推开，威严地说："回到你原来的位置，把剥离器给我！"

手术室里的医生们一齐喊了起来："白大夫，白求恩同志！"

白求恩脸色变得通红，眼睛里射着火光，太阳穴上的青筋像蚕一样蠕动。嘴唇动了几动，没有说出话来，只用严肃的目光扫了大家一眼。

叶部长一边给伤员麻醉，一边尽量和蔼地劝解："白求恩同志，你的心情我们理解。这次的情况和你以前在齐会不一样，和在四公村也不一样，如果情况允许，我们都愿意你留下来！可是……"

"可是什么！"白求恩不让他说下去，"我一走，就会减少一张手术台，就会增加伤员的痛苦和危险，时间也会拖得更长。我不能把危险留给你们。"说完，他向门外大声吩咐："把伤员抬上来，一次抬三个！"

三张手术台上，同时进行手术。伤员被迅速抬进来，又很快地被抬出去……

又是一串急促的脚步声，哨兵第三次进来报告："敌人迫近山下，已经可以看得清清楚楚！"

这一次谁也没有抬头，谁也没有说话，手术室里，一片寂静。除了手术器械叮当作响和人们急促的呼吸声外，连一点声音也没有了，好像整个世界骤然停止了运动。

寂静，令人难以忍受的寂静。就在这寂静中，危险正降临在他们的头上；就在这寂静中，手术室里回响着一个共同的心声："快！"

快手术，为了伤员的生命！快手术，为了白求恩同志的安全！

这是多么崇高的友谊，这是多么无私的支援！自从踏上烽火征途，白求恩遇到过多少个最危险的时刻？可是，哪一次他不是泰然自若，置生死于度外，这是为什么呀？

最后一个伤员抬上来了，欣慰的笑容涌上了人们的眉间。几乎同时，手术室前枪声大作，我警卫分队同敌人接火了！子弹从头上飞过，弹片在四周落下，手术室被浓烈的硝烟吞没……

躺在手术台上的那个伤员，不知从哪里涌出一股强大的力量，他挣扎着，大声嚷着："白大夫，不用管我，你去吧，这里危险！"

白求恩命令助手扶住伤员，弯下腰，温和地说："不，孩子，你听我说，现在多花几分钟的时间，以后我还可以给你治好，要不，你这条腿就完啦！"

伤员含着热泪，哀求似的说："白大夫，我不怕，我不能连累你。你们走吧！"

白求恩解下他的绷带，坚决地说："不，谁也没有权力将你留下,你是我们的同志!"

伤员简直是在吼叫:"不,给我一颗手榴弹,我和鬼子拼啦!"

白求恩眼里充满泪水,感动地说:"好同志,我谢谢你,反法西斯的人民都感谢你!给我几分钟吧,为了你的健康,为了消灭法西斯,为了我们共同的事业!"

伤员用颤抖着的声音喊了一句:"白大夫……"

白求恩没作声。

伤员还在叫着:"白大夫,你听见了吗?"

一滴泪水从白求恩的眼里滴落下来,掉在那个伤员的脸上。白求恩没有再回答这个战士,对这样的战士,语言显得太微不足道了。

一连几发炮弹落在手术室周围,脚下的土地在剧烈地抖动着……

手术台上,白求恩镇定从容。他有条不紊地用纱布蘸着肥皂水和盐水清洗伤口周围的血污,用消毒棉花擦干皮肤上的水渍,涂上一层碘酒……方才的爆炸声他仿佛没有听到,好像是在另一个世界发生的!

但是,熟悉白求恩工作的医生们还是发现了,白求恩的动作加快了:那消毒棉花,在他手下按层次急速旋转;那手术刀,在他手上按规定部位迅速起落。为了伤员的安全,白求恩在和敌人抢时间啊!

猛然,白求恩的左臂振动了一下,他立即将左手从手术部位抽出。殷红的鲜血正从他的左手中指流下来。

人们的目光"刷"地集中在白求恩的手上，白求恩将中指伸进碘酒瓶里蘸了蘸，对大家说："没关系，只破了一个小口，手术吧！"

说完，他赶忙低下头继续手术，好像怕别人接替了他的工作。

一分钟，两分钟……时间在激烈的枪声中，在人们焦虑的心情中，在白求恩紧张的手术中度过。当白求恩在那位战士的伤口上缝完最后一针时，同志们深深吐了一口气，最后一个手术终于做完了。

敌人已经来到村前。抬那伤员的担架先走了。白求恩和他的战友们，跟在担架后面，迈着急速的步伐，拐进村后的山沟里。

敌人的先头部队冲进了孙家庄。几个鬼子窜进了村边的临时手术室，泼洒在地上的那锅消毒用的开水，还散发着热气……

要拿我当一挺机关枪使用

青松，伸出钢铁般的枝干擎起欲坠的天空。

群山，敞开宽大的胸怀阻挡着凶猛的寒流。

阴云密布，朔风正猛，大雪漫天。披一身银装的长城爬上崇山峻岭，昂首钻进天空。

长城下边，在那昏暗的天空和茫茫白雪连接的地方，仔细望去，有一队人马在向山坡上移动着。风雪弥漫，连道路都看不清了，人和马在风雪中搏斗着。这就是白求恩和医疗队，他们正迎着隆隆的炮声向火线挺进。

炮声在召唤着他们。

胜利在鼓舞着他们。

白求恩左臂用纱布吊在胸前，右手拄着一根树枝做成的拐棍，艰难地行进在队伍里。轻易显露不出的倦容在他的脸上又出现了，虽然他竭力装得和往常一样，但毕竟显得非常吃力，每前进一步，都要喘息一阵。

和他并肩行走的叶部长不时地停下来，心疼地看着他。叶部长终于忍不住了，又一次试探着说："白大夫，我们休息一会儿，好吗？"

白求恩缓慢地收住脚步，舔了舔干裂的嘴唇，抬起头来向炮声传来的方向听了听，那枪炮声比方才激烈了，他微微皱起眉头，用浓重的鼻音说："不，咱们还是抓紧时间走吧。"

叶部长叹了口气，无可奈何地摇了摇头。人们随着白求恩艰难的步伐继续前进。

一阵风雪袭来，白求恩一个闪身，向后退了几步。警卫员赶忙扶住他。白求恩喘着粗气，两只手紧紧地扶着山壁上一块突出的岩石，才站稳，就又大口大口地呕吐起来。同志们一齐停住脚步，在白求恩身旁围成一堵人墙。看着白求恩苍白的面孔，大家心里一阵阵绞痛。

叶部长走过去，把白求恩的一只胳膊搭在自己的肩上，又拦腰扶住白求恩的身子。再一次关切地说："白大夫，我们到前面住下吧。"

"不。"白求恩艰难地抬起头，心事重重地望着前方说："咱们不能住下了。前面战斗早已打响，伤员该送下来啦！"

说完，他从叶部长肩上抽回胳膊，用力攥着手里的那根树棍，又一步一喘地向前走去……

白求恩病了。他是受到了致命的病毒感染。

10月28日，白求恩在孙家庄战斗中划破了手指，第二天，伤口就发炎了。肿胀和疼痛折磨着他，但是他谁也没告诉，在他们转移到一分区医院之后，又一连两天检查了两个医疗所的工作，做了几十个手术，举办了两次现场讲课。

11月1日，他们准备离开一分区医院。但是，临时从前线送来了一名患颈部丹毒合并蜂窝织炎的伤员。白求恩决定立即给伤员手术。医生们劝他说："白大夫，这伤员属于外科烈性传染病，你手指上的伤还没好，这个手术就让我们做吧！"白求恩怎会不知道这是一种外科烈性传染病呢，而且，他更清楚一旦细菌侵入伤口，那后果不堪设想。可是，这手术难度大，白求恩怎么能将困难留给同志们，将危险留给伤员呢。他斩钉截铁地说："还是让我来吧！"

大家见他的态度这样坚决，只好赶忙为他挑选了一副新手套递了过去。可是谁能知道，就在白求恩为伤员纵横切开伤口的时候，手套被划破了，无孔不入的细菌侵袭了他受伤的左手中指。

动完手术以后，白求恩率领医疗队返回后方医院。这天，天特别冷，路又滑又陡。一路上，他们滴水未进，又冷又饿，等到达目的地时，白求恩已经极度疲乏。在小何去端饭的时候，他竟睡倒在行军床上。

寒冷、疲劳加重了他的病情,这天夜里,他全身酸痛,几次惊醒。

11月2日,就在他遭受致命感染的第二天,他又不顾头一天70里行军的疲劳,忘却了全身的不适,像往常一样,在天亮的时候,支撑着起床了。这一天,他又检查了200多个伤员。

11月3日,他用手套将左手封好,为13个伤员做了手术。

就在白求恩硬撑着身体为伤员手术的时候,疾病在无情地折磨着他。最后一个手术刚作完,他连说话的力气都没有了。趁着同志们都在收拾器械的时候,白求恩让翻译扶着他,迈着沉重的步子走回宿舍,一进门,他猛地伏在行军床上,起不来了。

一位年轻的医生发现了白求恩的异样神情,随后立即赶来,摸了摸白求恩的前额,大声叫了出来:"白大夫,你烧得厉害!"

白求恩推开他的手,若无其事地说:"不要大惊小怪,大概是感冒了吧。"

作为一个医生,白求恩心里很明白,这症状不像感冒。发炎的中指引起整个左臂的疼痛,很可能感染加剧了。可是,正在紧张地反"扫荡"战斗中,怎么好声张呢?

那个医生也不相信他是得了感冒。摸着白求恩滚烫的额头,一个可怕的念头在他脑海里骤然闪过:丹毒,可恶的丹毒很可能侵犯了白大夫!"他扳起白求恩受伤的中指,那个中指肿得像个小胡萝卜。如果不亲眼看见,他无论如何也不会相信,就是这只手,刚才一连做了13个手术!

年轻的医生轻轻拉着白求恩的胳膊,难过地说:"白大夫,你休息吧，不能再工作了。"

白求恩抚摸着他的头，安慰说："不要难过，事情没那么严重，我不是挺好的吗？只要留下两个指头，我照样还可以工作！"

年轻的医生再也忍不住了，猛地伏在白求恩的胸前，一句话也说不出来，只是身子在簌簌窣窣地抖动着。

白求恩拍着他的肩头，轻轻地问："怎么，你哭了？"

医生不回答，身子抽动得更剧烈了。

白求恩扳着他的脖子，像一位长者对待心爱的孩子似的说："好同志，起来。想想我们那些伤员吧，他们是多么坚强啊。我这点病算什么？"

年轻的医生没有抬头，他的泪水把白求恩的衣襟湿了一大片。

这同志间的真挚的友爱，把白求恩的心打动了。他不是个不动感情的人，他不是不知道这年轻人的心情。可是，伤员们需要他，他不能离开他们。白求恩凝视着窗外的群山，努力使自己平静下来。良久，他几乎是俯在那个医生的耳边，温和地说："来，给我点一支烟吧！"

医生含着眼泪坐起来，划着一根火柴。就在这点烟的时候，年轻的医生发现白求恩的手指不住地颤抖，嘴唇烧得干裂了！

军区领导很快获悉了白求恩患病的消息。首长们指示：就地休息，想尽一切办法为白求恩同志治疗。

让白求恩就地休息？这是多么艰巨的任务！医疗队的同志大都和白求恩一起工作了很长时间，深深知道这位加拿大共产党员那"机关枪"的战斗性格：只要有战斗，只要有伤员，谁也无法让他休息。同志们想了许多办法：封锁前线的消息，不让他看到伤员；告诉他少数的伤员已经送到冀西后方医院去了；把他安置在村子中间的房子里，把窗纸糊了一层又一层，把门关得严严的，以免让白求恩听到远处传来的炮声……

11月4日，算是勉强过去了。白求恩真的以为前方的战斗暂时少了，他靠在床上，修改了巡视团的工作报告，又写了一份关于疟疾的讲课提纲。因为边区的疟疾发病率高，他觉得应该给同志们讲一讲这种病的预防知识。

11月5日，一阵隐约的响声从窗外传来，躺在床上的白求恩，突然惊醒了。他侧着耳朵，仔细地听着，是炮声！像战士听到冲锋号一样，他翻身下床，呼唤着：

"警——卫——员——"

小何不在，他很快下床来到门口，倚着门框，继续呼唤：

"小——鬼——"

小何正高高兴兴地帮炊事员给白求恩做早饭，听得白求恩喊他，赶忙放下手里的活，跑出伙房，只见白求恩左臂吊在胸前，身上披了一层雪花，站在雪地里，翘首向西北眺望，脸上显出不安的神色。一见他，劈头说道：

"快请叶部长来！"

"有事？"这突如其来的情况，使得警卫员不知怎办好。

"快去！"白求恩催促他。

叶部长、翻译和医疗队的同志们赶来了。白求恩迎上前去，对叶部长说："部长同志，我们应当到前线去！"

叶部长连连摆手："白大夫，前方没有战斗。"

"对啊，白大夫请你安心休息吧！"大家附和着。

白求恩用焦急的眼光望着大家："没战斗吗？——听！"

"轰隆隆……"西北方向隐隐约约传来炮声，如果不仔细听，是听不到的。

白求恩不高兴地说："同志，你们不应该瞒着我。"

一阵长时间的沉默。过了好大一会儿，叶部长才解释说："同志，你的病不轻啊！"

"我已经预料到我们又要回到那个争论过的问题上去了。难道还要我再说什么吗？你们要拿我当一挺机关枪使用啊！"

"白求恩同志……"

"我认为我们应该马上出发！"白求恩打断叶部长的话，他的语气容不得你有半点犹豫。

"白大夫！——"大家还想说服他。

白求恩坚决地说："前方战士在流血，我不能在这里休息！"

就这样，白求恩带着越来越恶化的伤势，朝着隆隆的炮声，披着漫天大雪，向前线出发了。

白求恩蹒蹒跚跚地迈着步子，显得十分艰难。小何懂事地把白求恩的胳膊搭在自己肩上，扶着白求恩前进。握手间，小何触到他的手是那么烫。

"白大夫，你的手好烫啊。"

"没关系！"

白求恩发现他活泼的脸上显出忧愁，他知道这是自己的病情影响了他，就以十分宽慰的口气说：

"来，起个头，唱首歌吧！"

小何犹豫地唱起《红军抗日先锋》这支人们熟悉的战歌：

> 我们人民红军，
> 我们抗日先锋，
> 吹着前进号音，
> 坚决向前进！
> 满腔热血沸腾，
> 准备一切牺牲，
> 挽救国家危亡，
> 与敌决死战争。

歌声和风声交织在一起，激荡在空旷的山谷中，人们的脚步加快了。

雪越下越大，风越刮越猛。同志们轮流搀扶着白求恩前进。望着同志们一双双热情的目光，白求恩的步伐迈得更大了。

火线一步一步地接近了。

力量在一般情况下是生理的表现，而今天，在白求恩的身上，它却是意志的反映。尽管病魔在无情地折磨着这位伟大的战士，但在看到从前线抬下来的伤员时，他突然扔掉手里的拐棍，甩开搀扶他的同志，飞也似的跑上前去，扶着担架，上上下下地看着伤员，连声责备自己：

"来迟了！来迟了！"

其实，白求恩自己正是一名重伤员。这时，他的体温已经高达39.6度！

11月6日，他们又向火线前进了70里，一路上的艰辛跋涉，一路上的病痛折磨，当医疗队赶到王家台时，白求恩的病情更严重了。他四肢无力，浑身发冷，天旋地转，几乎昏厥。

11月7日，在王家台我军某团卫生队。

这里离火线只有10里路，白求恩命令将伤员送到这里。

他的左肘已经发生转移性脓疡：左腋下极度疼痛，体温高达40度。医疗队的一部分同志抢救伤员去了，留下一名医生和两名护士专门为他治疗。

白求恩内服了非那西汀，睡了几个小时，觉得轻松了一些。中午，他一睁开眼睛便问："伤员们来了吗？"

守护他的医生回答说："送来了，同志们正在处理。"

白求恩点点头，摸索着，掀开被子起来，要去看伤员，医生按着他的被子，坚决地说："你是病人，不能出去！"

"可我是个医生，不看伤员，我躺不住啊！"

医生想了想说："这样吧，我替你去看看，回来向你详细汇报。"

白求恩同意了，又对翻译说："你同他一起去吧。"

手术室就在隔壁。翻译和医生正在询问伤员的情况，突然，人群一阵骚动，他们回头一看，不由得愣住了，两个护士搀扶着白求恩，一步一挪地走来了。

人们心头涌起一阵热浪，喊着："白大夫，你……"

白求恩亲昵地向大家招了招手，然后，来到那一排担架旁边，像往常一样，逐个检查着他们的伤口，安慰他们。最后，白求恩来到手术台旁，看医生们手术。

　　望着白求恩悬吊着的左臂，大家一齐说："白大夫，你放心休息吧，我们一定像你在的时候一样治疗伤员。"

　　他不是不放心，他是离不开伤员啊！

　　伤员源源不断地从前线送来，整个下午白求恩都在主持医疗队的初步疗伤工作。眼看着一天的工作就要结束了，突然，白求恩的身子猛地晃了晃，一位同志赶忙将他扶住，白求恩沉重地倒在那位同志的怀里。

　　他拼命挣扎着，又一次次地倒下了。就在这时候，他吃力地睁开眼睛，断断续续地说："凡是有头部、胸部和腹部受伤的伤员，一定要让我看。即使我睡着了，也一定要把我叫醒！"

　　他声音低得几乎听不到，可是，字字句句都刻在同志们的心里。人们止不住激动的泪水，有人在轻轻地抽泣。

　　大家把白求恩扶到屋里。白求恩睁开眼睛，对身边的医生说："不要为我担心，我会好的，快去抢救伤员！"

　　大家不肯挪动脚步。

　　白求恩再次催促说："去抢救伤员哪！"

　　同志们还是不走。

　　这次，白求恩几乎用央求的口气说："同志们，不能为我一个人耽误给伤员治疗。伤员比我更需要你们啊！"

　　医疗队的同志们想尽一切办法抢救白求恩：注射了体内消毒

剂、强心剂，内服了清凉剂，洗肠通便。前线的战士们挂念着白求恩：给他送来了刚刚缴获的药品、罐头。

可是，白求恩的病情仍在继续恶化……

这情况一直持续到 11 月 10 日。

上午，白求恩好像清醒了一些，他甚至能听到前线的炮声了。他在枕上转过脸，向身旁的医生询问前线的消息。

正在前线指挥战斗的军区领导，派代表来看望白求恩。来人带来了军区领导的亲切问候和全边区军民对他的敬意，并建议他转移到后方医院去治疗。这几天，同志们不止一次地这样劝过他，但他都没同意。今天，军区来的同志又把这个问题提了出来，白求恩陷入长时间的沉默。

用右手摸着肿胀的左臂，他知道自己现在已经无法尽一个医生的职责了。他不愿意离开战斗的岗位，但是他更不愿意因为自己给同志们再添困难。好大一阵，白求恩用颤抖的声音说出一句话：

"我服从领导的安排。"

他哭了。有生以来，他第一次因为不能为革命工作而内疚地哭了。

临走前，白求恩紧紧握住那位代表同志的手说："请代我向军区领导问候，向在前线英勇杀敌的战士们问候。我病好之后，马上重返前线。"

他又嘱咐医疗队的同志们说："抢救一个革命战友，胜过消灭 10 个敌人，大家努力战斗吧！"

最后，他请求叶部长："这里手术任务重，路上只要一个卫生员跟着我就行了。"

送白求恩去后方的担架出发了。

前线渐渐远去。躺在担架上的白求恩,不时支起身子,遥望着那炮声轰鸣的战场,恋恋不舍地说:

"我十二分惦念的是前方流血的战士,假使我还有一点支撑的力量。我一定要留在前方!"

在生命的最后一刻

人们抬着白求恩,一边抢救,一边向后方医院转移。一路上,白求恩昏迷不醒,不断呕吐,眼窝深深陷下去了。

11月10日下午3时,护送白求恩的担架来到河北唐县黄石口村。

白求恩醒来了,他好像想起了什么事情,着急地问:"到后方医院了吗?"

"没有。"

"还有多远?"

"十几里路。"

他沉思片刻,坚决地要求:"那么,我们就停在这里吧。"

"为什么?"人们十分惊讶。"白大夫,这里离后方医院只有十几里啦!"

"我感到不好。"

在村口上临时腾了一间最好的房子,生着火,把白求恩安置下来。

白求恩住下了。他对围在身边的同志们抱歉地说："请同志们出去一会儿，好吗？"

大家更奇怪了。自从白求恩病倒以后，他总想和同志们多待一会儿，可是今天为什么一反往常？也许，此时他需要安静？

在同志们离开后，白求恩拿出纸，吃力地握着笔，在纸上断断续续地写些什么……在窗外守候白求恩的医生、护士，目睹着这一切，心里已明白了几分。

1939年11月11日的黄昏，河北省唐县黄石口村一座普通的农家院落，人们眼含着热泪，站在院子里。远处传来黄土岭战役隆隆的炮声，一片枫叶在深秋的寒风中簌簌地颤抖着。

屋里土炕上，白求恩从昏迷中苏醒过来。为了中国人民的抗日战争取得最后胜利而不分昼夜工作的白求恩严重的营养不良，过度的劳累，摧毁了他曾经当过伐木工人的强壮身体；伤口感染引发的败血症，无情地侵蚀着他的生命。作为医生，他知道自己的时间不多了，是到了写遗嘱的时候了。望着窗外的夜色，白求恩喃喃地说："两年啦，我实践了我的诺言。"

白求恩强忍着全身的疼痛，挣扎着靠墙坐起来，摸索着，从上衣口袋里抽出自来水笔，拿起几张白纸，用颤抖的手写下他的遗言："亲爱的聂司令员，我今天觉得非常不好，也许就要和你们永别了。"

就要和战友们诀别，该对同志们说些什么呢？他沉思着……
生命的最后时刻，也许，回首他一生的战斗岁月，回忆他追求真理所走过的道路。如今，理想的晨曦已经在中国的大地上出现了，庆幸自己曾为此贡献过一分力量。

生命的最后时刻，也许，怀念他战斗过的地方，想起了马德里前线，红星照耀下的延安，烽火硝烟的太行山，战火纷飞的冀中平原……

他接着写下去：

请转告加拿大和美国共产党，我在这里十分愉快，我唯一的希望就是能多做贡献！……

请转告加拿大人民和美国人民，最近两年是我生平中最愉快、最有意义的时日！

白求恩停下笔，一条大船从记忆深处驶来。一年多来的战斗生活清晰地在他眼前一一闪过。

夜深了，院子里的群众越积越多，没有特效药，大家束手无策，有人已经在低声地啜泣。白求恩似乎听到了，但他已经没有力气招呼他们了，该给战友们留下点什么，他继续写道：

两张行军床、两双英国皮鞋，你和聂夫人留用吧。马靴、马裤，请转交吕司令。贺将军，也要给他一些纪念品。两个箱子，给叶部长。18种器械，给游副部长。15种器械，给杜医生。卫生学校的江校长，让他任意挑选两种物品作纪念。打字机和绷带给郎同志。手表和蚊帐给潘同志。一盒子食品和文学书籍送给董同志，算我对他和他夫人、孩子们的新年礼物。给我的小鬼和马夫人每人一床毯子，另送小鬼一双日本皮鞋。照相机给沙飞。贮水池等给摄影队。医学书籍和小闹钟给卫生学校。

这就是我，一个共产主义者的遗产！

想到遗产，一个人的名字忽然出现在脑海：弗朗西斯，自己深爱着的前妻，也是自己一生的愧疚。紧接着妈妈、爸爸、祖父、姐姐、弟弟、美丽的"锯屑小镇"——格雷文赫斯特、茂密的森林、从前的岁月、曾经的梦想和奋斗，一幕一幕，异常清晰、温暖地出现在脑海里。

一阵剧痛袭来，白求恩昏了过去。等他醒来的时候，晋察冀军区后方医院院长林金亮流着泪站在他的面前，见到曾经并肩战斗的同志，白求恩露出了笑容。他伸出手，尽最大的力气握住林金亮的手："林大夫应该带领一个手术队，即刻北上，收容黄土岭战斗的伤员。……到昨天为止，共有伤员300名……我为伤员们感到焦虑，假如我还有一点支持的力量，我一定回到前方去，可是，我已经站不起来了。"

考虑到部队卫生工作的建设，他接着写下去：

每年要买250磅奎宁和300磅铁剂，专为治疗患疟疾的病人和绝大多数贫血病患者用。

千万不要再到保定、平津一带去购买药品，因为那边的价钱比沪港贵两倍……

　　这里，白求恩不仅想到缺什么药，到哪儿去买，甚至想到了药的价钱——仅仅是钱吗？不！只有把中国人民的解放事业当作他自己的事业，在生命的最后时刻才能想得这样周到、细致。这是革命者赤诚奉献的信仰，一个共产主义战士的火热心肠！

　　他的手松动了，钢笔从他的手中滑落下来……

　　再次醒来时，他的嘴角上出现了大家熟悉的微笑。同志们又一次把他扶起，写下了最后几句话：

　　我不能再写下去了。让我把千百倍的谢忱送给你和其余千百万亲爱的同志！

　　他抖动着双手，把遗书交给身边的同志，满怀期望地嘱咐："这是武器，拿上它去战斗吧，要战斗到最后的胜利！"

　　在白求恩的病情已十分危险的时刻，大家很着急，白求恩却平静地说："我得了败血症，没有办法了……"接着，他断断续续地说："非常感谢……同志们……给我的帮助……多么想……继续……和同志们……一起工作……啊！"

　　"请转告毛主席……感谢他和中国共产党……给我的帮助……我相信……中国人民……一定会获得解放……遗憾的是……我……不能亲眼看到中国人民的解放和新中国的诞生！"

白求恩顽强地抬起头来,与站在身旁的同志一一握手,用最坚定的声音说完他最后一句话:"努力吧!向着伟大的路,开辟前面的事业!"

1939年11月12日凌晨,白求恩停止了呼吸,在中国人民抗日烽火的前线,在晋察冀献出了自己年仅49岁的生命。白求恩告别了炮火硝烟的抗日战场,告别了他曾辗转战斗的晋察冀大地,告别了热爱敬仰他的中国人民。然而,他生命的赞歌却永远在人们的心头回荡……

枫叶疲惫地落了,像一面旗帜缓缓地降下,像一段传奇轻轻地合上。一片来自枫叶之国的红叶,就这样永远融入了中国北方的黄土地。

白求恩的逝世,使边区军民沉浸在一片悲痛之中。

白求恩的遗体被战友们用担架抬着向西方走去,利用晚上时间一个村一个村举行简单的追悼仪式。他医治过的人民,他十分热爱着的中国人民就这样向他表示告别。

在一个十分隐蔽的山洞里,这队人郑重地将白求恩的遗体安置好,又用石块将洞口垒死。直到他们认为敌人无论如何也发现不了的时候,他们才对着石洞默默地鞠了一躬,然后握着武器返回火线,同敌人去进行殊死搏斗。

消息通过无线电波传到各地。聂司令员双泪长流,司令部的同志们长时间地低头默哀。在前线,战士们喊着白求恩的名字,越战越勇,所向无敌。在医院、在窑洞、在卫校、在村庄,到处的人们都在因为他的牺牲而叹息,都在以不同的形式悼念他。

理查德·布朗大夫在他的告加拿大人民书中说："白求恩自己夸耀他是一个共产党员。我说他是上帝的圣徒。"

1939年11月17日，在反"扫荡"战斗的间歇，在这个洞前的山谷里，晋察冀边区党政机关、部队和驻地群众，为白求恩举行隆重的殡殓。战场上的炮声滚滚而来，山谷里响着低沉的回声，为人们的心头又增添了几分庄严肃穆的气氛。站在队伍最前面的是聂荣臻同志，这位出生入死、久经战场的指挥员，这位被称为钢铁般的英雄，在向白求恩遗体告别的时候禁不住泪珠滚落。他是个不轻易落泪的人啊！可是，失去白求恩这样的同志，我们的司令怎能不感到痛心！他凝视着白求恩的遗体，在心底深切地悼念他……

12月1日，延安各界为纪念白求恩举行了隆重的追悼大会。毛泽东亲笔写了挽词：

学习白求恩同志的国际主义精神，学习他的牺牲精神、责任心与工作热忱。

12月21日，毛泽东同志撰写了著名的《纪念白求恩》一文，号召中国共产党人学习白求恩同志的共产主义精神和国际主义精神。毛泽东满怀深情地称赞白求恩说：

一个外国人，毫无利己的动机，把中国人民的解放事业当作他自己的事业，这是什么精神？这是国际主义的精神，这是共产主义的精神，每一个中国共产党员都要学习这种精神。

……

白求恩同志毫不利己专门利人的精神，表现在他对工作的极端的负责任，对同志对人民的极端的热忱。每个共产党员都要学习他。不少的人对工作不负责任，拈轻怕重，把重担子推给人家，自己挑轻的。一事当前，先替自己打算，然后再替别人打算。出了一点力就觉得了不起，喜欢自吹，生怕人家不知道。对同志对人民不是满腔热忱，而是冷冷清清，漠不关心，麻木不仁。这种人其实不是共产党员，至少不能算一个纯粹的共产党员。从前线回来的人说到白求恩，没有一个不佩服，没有一个不为他的精神所感动。晋察冀边区的军民，凡亲身受过白求恩医生的治疗和亲眼看过白求恩医生的工作的，无不为之感动。每一个共产党员，一定要学习白求恩同志的这种真正共产主义者的精神。

……

我们大家要学习他毫无自私自利之心的精神。从这点出发，就可以变为大有利于人民的人。一个人能力有大小，但只要有这点精神，就是一个高尚的人，一个纯粹的人，一个有道德的人，一个脱离了低级趣味的人，一个有益于人民的人。

朱德总司令在追悼白求恩同志时也发表过激情洋溢的演讲：

> 白求恩同志的死是一个重大的不幸，我们遭受了一个巨大的损失，八路军的每一个同志都感到万分悲痛。以他的伟大的友爱，他的同情，他在战斗中的英勇，他达到了革命道德的最高标准。他把他的生命奉献给了中华民族的解放事业。中华民族将永远怀着敬爱来纪念他，总有一天，全体进步人类也会敬仰他的英名。

1940年1月5日，晋察冀边区军民一万余人，在唐县军城南关为白求恩举行了隆重的追悼大会。聂荣臻司令员率全体将士深切哀悼白求恩大夫，并于灵前宣读祭文。在追悼大会上，聂荣臻司令员郑重宣布：晋察冀军区卫生学校易名为白求恩学校，其附属医院易名为白求恩医院。白求恩学校即后来的白求恩医科大学和解放军白求恩医务士官学校，白求恩医院即今天的中国人民解放军白求恩国际和平医院。

1940年2月，由聂荣臻司令员亲自选定墓址，在唐县县城南关破土修建白求恩陵墓。

1952年11月6日，经河北省人民政府批准，河北省民政厅通知将白求恩、柯棣华灵柩一同由唐县军城晋察冀烈士陵园迁往石家庄华北军区烈士陵园。

2009年5月，中共中央宣传部、组织部、统战部等11部委在全国范围组织开展的"双百"人物评选中，白求恩入选全国"100

位为新中国成立做出突出贡献的英雄模范人物"。

白求恩同志伟大的国际主义精神,将永远被传诵;白求恩同志参加中国反抗日本帝国主义侵略战争的事迹,将永载史册;白求恩同志永垂不朽!